封 面 故 事

　　苏州古城内有条道路，贯穿南北，气势如虹，因大街南端的文庙像昂扬的龙首，而北端的北寺塔似翘起的龙尾，大街如横卧的龙身，便取名卧龙街。清乾隆皇帝南巡之际，百官在此迎候接驾，遂又改称护龙街。旧时护龙街路宽仅3米，街巷狭窄，交通不便。1928年后道路开始拓宽，沿街民居商铺纷纷改建。此时相机定格，留下了这个民国时期古城马路较经典的镜头……

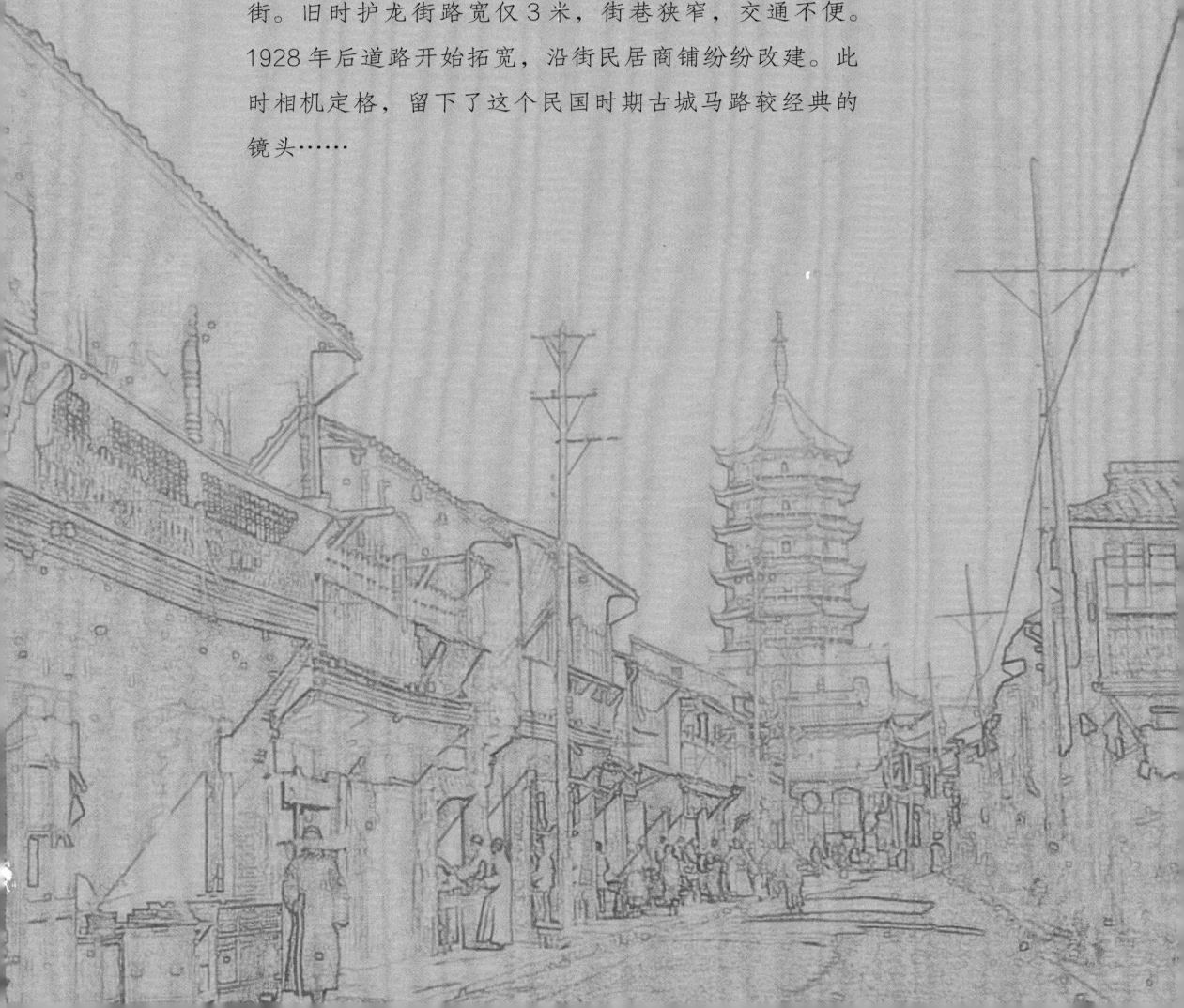

江苏省重点史志作品编纂出版资助项目
江苏省地方志编纂委员会办公室　指导

影像苏州

Images of Suzhou

苏州市地方志编纂委员会办公室　编著
徐刚毅　徐苏君

苏州新闻出版集团
古吴轩出版社

图书在版编目（CIP）数据

影像苏州 / 苏州市地方志编纂委员会办公室, 徐刚毅, 徐苏君编著. -- 苏州：古吴轩出版社，2023.12
（2025.3 重印）
ISBN 978-7-5546-2257-5

Ⅰ. ①影… Ⅱ. ①苏… ②徐… ③徐… Ⅲ. ①苏州－地方史－摄影集 Ⅳ. ① K295.33-64

中国国家版本馆 CIP 数据核字（2023）第 231230 号

责任编辑：李爱华
封面设计：唐伟明
装帧设计：金石广告有限公司
责任校对：周　娇
责任照排：陈　铁　王炳飞

书　　名：影像苏州
编　　著：苏州市地方志编纂委员会办公室
　　　　　徐刚毅　徐苏君
出版发行：苏州新闻出版集团
　　　　　古吴轩出版社
　　　　　地址：苏州市八达街118号苏州新闻大厦30F
　　　　　电话：0512-65233679　　邮编：215123
出 版 人：王乐飞
印　　刷：苏州市越洋印刷有限公司
开　　本：787mm×1092mm　1/16
印　　张：44.5
字　　数：392千字
版　　次：2023年12月第1版
印　　次：2025年3月第2次印刷
书　　号：ISBN 978-7-5546-2257-5
定　　价：380.00元（全二册）

如有印装质量问题，请与印刷厂联系。0512-68180628

《影像苏州》编审人员

主　审：

陈　华　　乐　江

编　著：

徐刚毅　　徐苏君

审　校：

严晓明　　黄　静　　朱莉萍　　郭传良

刘　猛　　凌柳凤　　王　炜　　陈其弟

丁　瑾　　齐　慎　　金凯帆

▌ 前言

　　苏州是一座有着2500多年历史的名城。人文荟萃，风物清嘉；代有传人，代有遗迹；熠熠煌煌，光辉照耀。

　　人类文明数千年，凭借着浩如烟海的典籍流传至今，左图右史，图史并举。摄影技术产生后，相机成为时间的定格器，影像成为记载历史的重要手段之一。法国思想家罗兰·巴特说："伟大的影像一定是凝固了一个永恒的瞬间，让人看到了它的过去，想到了它的未来。"影像创造了一种时间之外的可能：在无穷向前的时间流中，在亘古的废墟之中，在生活的琐碎之中，为人类未来回忆的某一瞬间，提供一种强有力的"证词"！

　　从20世纪90年代初开始，各地纷纷出现的"老照片热"为修志工作者们打开了新的思路。

　　1997年底，徐刚毅就任苏州市地方志办公室主任，结合地方志工作职能特点，启动了向社会公开征集苏州老照片的活动，并主持开展了对征集照片的整理编纂工作。在征集照片的过程中，得到了苏州市委宣传部、苏州市自然资源和规划局、苏州市档案局（馆）、苏州城建档案馆、苏州市文联、苏州市园林档案馆、苏州市文管会、苏州市文物保护管理所、苏州革命博物馆、苏州烈士陵园、苏州市摄影家协会等众多部门和单位的大力支持，也得到了一大批文化界前辈、社会名流、文史爱好者的倾情相助和无私奉献。

1999年4月，苏州市地方志办公室编纂出版"老苏州图志系列"的第一本——《老苏州·百年旧影》。随后在2001年、2005年、2008年、2009年、2019年，苏州市地方志办公室陆续编纂出版了《老苏州·百年历程》《苏州旧街巷图录》《苏州往事图录》《苏州百姓图录》《图说苏州（古代史）》。

2022年5月，江苏省启动"重点史志作品编纂出版资助计划"，每年安排专项经费，资助展现江苏形象、彰显江苏特色、记录江苏成就的重点史志作品的编纂出版。《影像苏州》以图照的形式阐述苏州发展历史、反映全域性的人文历史等独特性，成功入选首批资助计划。江苏省地方志办公室项目组先后三次到苏州召开专题工作会议，对本书的篇目结构、编纂规范及图照说明等提出了宝贵的指导意见，为本书的质量提升提供坚实保障。

在此，对为本书顺利出版给予大力支持、悉心指导的相关单位和个人，一并致以诚挚的谢意！

用影像记录真实的历史，在岁月流逝中回忆美好的过往，这是我们出版《影像苏州》的初心所在。囿于水平，本书疏漏舛误之处在所难免，望读者不吝指正。

苏州市地方志编纂委员会办公室

2023年10月

目 录

上册

马路街巷

子城风云

体育场

玄妙观

观前闹市

观前街

北局小公园

石路商圈

乡土风物

人物印象

古城俯瞰

下册

五彩旧影

古城景观

虎丘名胜

文物古迹

绘画苏州

城市记忆

乡村记忆

农耕副业

民间文化

上册

城 门 城 墙

城 门 城 墙

公元前514年，伍子胥奉吴王阖闾之命，"造筑大城，周回四十七里"。早期的苏州城多为土筑，有水陆城门各8座。五代后梁龙德二年（922），钱镠以砖砌苏州城墙，使里外皆有城濠，规模更为壮观，这是已知最早的砖城。南宋建炎四年（1130），金兵南侵，苏州城遭受很大破坏。后数任知府相继修治，直至绍定二年（1229）郡守李寿朋重建城坊，并留下了著名的《平江图》。宝祐二年（1254），知府赵汝历增置女墙。德祐元年（1275），元军入侵，"城池悉命夷堙，故民杂居遗堞之上"，苏州古城第二次遭到毁灭性破坏。直至元末各地起兵抗元，于至正十一年（1351）重建苏州城，加厚城墙、加深城濠，时称"城四向，一仍子胥之旧"。元末，张七诚占据苏州时各城门增置月城，后城被明将徐达、常遇春攻破，城墙又遭破坏。明初再次大规模修建。清康熙元年（1662），巡抚韩世琦又改筑苏州城，今之砖城乃清初所遗。中华人民共和国成立后，大部分城门城墙被拆除。进入21世纪之后，古城墙的修复重建终于得以实现。

001 002 战后盘门　盘门是苏州的南大门，故吴门桥有"步入吴门第一桥"之称，吴门桥北连盘门大街，南接盘门横街。清咸丰十年（1860）遭遇战争，原本水陆兴旺的盘门，变成了古城最荒凉冷僻的地方。现存吴门桥系同治十一年（1872）重建。图中可见桥梁崭新，桥畔还留有当年建桥工匠所住的茅屋。上图摄影者为英国亨利·坎米奇，两图均摄于清光绪元年（1875）前后。

003 城南城墙　盘门城楼依稀可见，城墙延绵，城河开阔，瑞光塔兀立，有客船停泊在青旸地码头。摄于 1930 年。

004 盘门雄关　城墙耸立，运河浩荡，吴门桥扼守水路，好一幅水城要塞图卷。摄于清光绪三十一年（1905）。

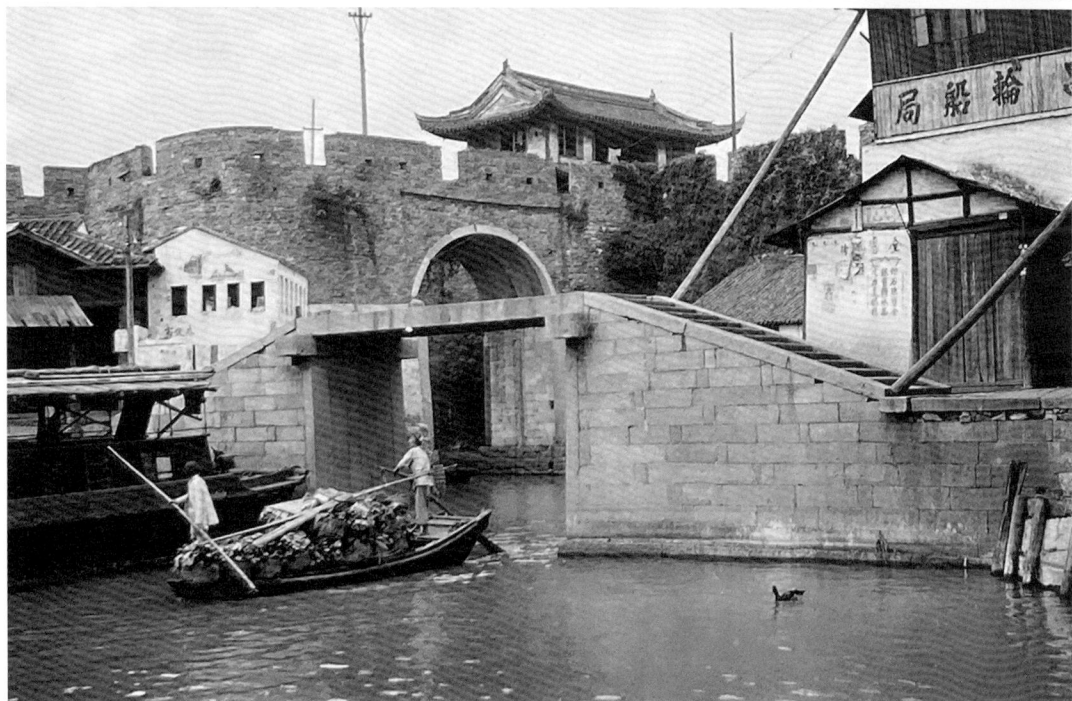

005 006 盘门市井恢复　清同治、光绪中兴时期，苏州城开始重建。作为运河重要码头，
吴门桥畔和水关桥两侧的轮船局和商店民居相继建立。

007 盘门市井　盘门堪称苏州现存最古老的城门，而这张照片又堪称所有城门中拍摄年代最早、人物形象和环境特色最丰富的一张，从中可窥见清代苏州百姓的日常生活。

008 盘门城楼　盘门是苏州现存典型的水陆城门，清初修建城楼，上下两层，重檐歇山式。摄于 1936 年。

009 城楼已毁　盘门旧有城楼，几经毁建，清代修建的城楼又毁于抗日战争时期。金石声摄于 1956 年。

010 城楼重建　1976 年至 1981 年对水陆城门进行整修，1983 年修整部分城墙，1986 年盘门城楼重建。

011 蛇门 宋初此门被填塞废毁，清末重辟，址在城南乌鹊桥弄南端。图为蛇门船闸式
水门。外国传教士汉克斯·西尼斯摄于清光绪二十七年（1901）。

012 蛇门内景 南星桥横跨乌鹊桥河，桥堍立有牌坊，从桥洞中可窥见蛇门水城门。
图载《格雷戈里的中国摄影集》。

013 葑门 位于城东，因周围多水塘，盛产葑（茭白），故名。清初重建葑门城楼。摄于清代。

014 葑门遗迹 1936年葑门城楼被拆除，1958年城门被拆除。图为尚存的葑门城墙和水门。摄于1969年。

015 葑门远望 城东运河葑门至相门间城墙，远处城楼即葑门，城楼前还有一段城墙延伸，即为葑门瓮城。摄于清代。

016 相门城墙 相门原名匠门，因曾是各种手工工匠聚集之地而名。据传吴王阖闾曾命铸剑能手干将在此设炉铸剑，故又名干将门，后称"相门"是音的转变。城门在宋初被填塞，1935年因建设苏嘉铁路开辟相门。图为相门开辟和相门大桥建设时的场景，城墙上"御侮救国　安内攘外"的标语，正是那个时代的见证。摄于1936年。

017 娄门 旧时苏州城东面有娄县，故名。图为娄门城墙、城楼和水城门，以及临河建筑。摄于清代。

018 娄门水城门 设有内外瓮城，共有三道，有闸门，其构造独特，为苏城仅有。摄于1932年。

019 娄门外废墟 清同治二年（1863），太平天国战争期间，娄门遭战火摧残，城外一片废墟。

020 娄门 城楼、水城门和城里民居。摄于 1920 年。1948 年城楼被拆除，1958 年内城门和水门被拆除。

021 022 齐门城门 因门朝向春秋时的齐国，故名。门上建有两层城楼，俗称鼓楼，清初城楼有题额"臣心拱北"。两图均摄于清代。苏州解放后拆除城门、城楼，1978 年建水闸时拆除水城门。

023 024 齐门远望　　上图为从南马路桥上南望齐门水城门和元和塘交汇处，齐门瓮城外
建筑与元和塘两岸民居遥相呼应，摄于清代；下图为从沪宁铁路火车上朝南眺
望齐门，摄于民国时期。

025 齐门城河 齐门城楼和水城门，开阔的水巷与临河建筑格外夺人眼球。英国奥利弗·海伍德·休姆摄于清宣统二年（1910）。

026 齐门水城门 水城门边设有岗哨，检查来往船只。摄于20世纪30年代。

027 平门开辟　古平门久塞，1928 年为沟通城内外交通而辟，初期只开一个门洞，另一
个城门洞则是在梅村桥竣工后再建。

028 平门　平门有两个并立的高大城门洞，城门上无城楼。图为平门与梅村桥。赵元任
摄于 1930 年。

029 030 平门　平门有两个并立的城门洞，高大宽敞，内方外圆，颇为壮观。平门与梅村桥是那个年代苏州城的标志性景观。两图分别为平门正面和侧面。

031 032 阊门 1934年阊门城门仿金门罗马式建筑改建，1936年竣工。改建后的阊门没有再设城楼，而是增辟两个侧门，中门为车行道，两侧为人行道。图为沦陷时期的阊门，上图由城内望外，下图则由城外望内。

033 阊门水门 水门设有栅门，限时开启以让船只通行，两岸是吊脚楼式民居。图载《格雷戈里的中国摄影集》。

034 新阊门 1921 年，为方便交通，在阊门与胥门之间，新开一座城门，名"新阊门"，仅一座拱门。当时要由黄鹂坊桥弄翻过一个矮土墩才能出城，其位置在金门南 60 米。1931 年金门建成后，新阊门即废弃。

035 036 金门

位于阊门之南，1929 年辟建，1931 年元旦竣工。该门借鉴巴黎凯旋门，由一大两小三座拱门并列而成，上端雉堞仿欧洲古城堡风格，是中西合璧式近代城门。两图为金门初建时情景，上图城门口还垒有沙包，是因当时军阀混战，为防御入侵而设。

037 038 金门

金门虽是苏州最晚建成
的城门，但地理位置特
殊，同样也经历了岁月
沧桑。上图城门左侧保
留有传统商铺建筑，摄
于 1937 年；下图城门
右侧的苏州市航运公司
营业厅是民国时期的欧
式建筑，保留至今，摄
于 1980 年。

039 胥门 因姑胥山得名，元末重建，经明清两代重修，为苏州除盘门外仅存的古城门。摄于清宣统二年（1910）。

040 041 胥门遗址 自古胥门北侧建新胥门，行人都改从万年桥直接出入，古胥门遂被人遗忘，成了老百姓居住的区域。图为胥门城门口东、西两侧的景象。

042 胥门修缮 1999 年开始对胥门进行修缮保护。图为包围古胥门的民居被拆除之后的情景。

043 新胥门 位于古胥门之北，正对万年桥，1938 年为便利城内外交通，利用拆除的古胥门瓮城而建，有两个并列的门洞，1953 年被拆除。

044 城墙马面　城墙每隔一定距离就有突出的矩形墩台，这种墩台俗称马面，利于防守者从侧面抗击来敌，这个距离正好在弓矢投石的有效射程之内。图为苏州平门城墙。摄于 20 世纪 30 年代。

045 城墙垛口　城墙上呈凹凸形的短墙，可以让防卫者在作战时得到掩护。摄于清代。

046 城墙折角 为方便运河航行，城墙角上呈现折角，以使行船者转弯时视野开阔。图为钱万里桥对岸城墙交界处折角城墙。法国杜德威·皮特摄于清光绪二十七年（1901）。

047 城北城墙 城墙沿运河伸展而来，城墙上方露出了北寺塔尖。图为火车站西侧客运码头，停靠着许多客船。摄于清代。

048 觅渡桥城堡 清末战乱时期，除用城墙护卫城池之外，太平军还在觅渡桥畔垒石建堡，以阻击清军通过运河进攻苏州城。图中厂房为建于清光绪年间的恒利丝厂。摄于清光绪二十六年（1900）。

049 太平天国城垒
清同治二年（1863）李鸿章率淮军在戈登"常胜军"的协同下，攻占了被太平军占据的苏州城，英国摄影师威廉·桑德斯随军入城，拍摄了许多现场照片。由于路途遥远，他将照片制成铜板以方便印刷，后在《伦敦新闻画报》上发表。照片中能够清晰地看到太平军的苏州城墙工事构筑。上图为吴门桥畔盘门城堡，下图为城墙临河堡垒，图载《维多利亚时代的中国图像》。

上册

人 民 路

人 民 路

　　人民路贯穿古城南北，原名卧龙街，因大街南端有文庙（府学）像龙头，北端的北寺塔似翘起的龙尾，大街如横卧的龙身，故称。清乾隆帝南巡，百官在此街迎接并护卫，遂改名护龙街。街原宽仅3米，系石板路面。1928年拓宽香花桥至察院场段，宽7米，碎石路面。1941年拓宽至饮马桥，宽9~12米，弹石路面。1943年新筑饮马桥至三元坊段。1951年由三元坊延伸至南门新建的人民桥，宽14米，正式定名人民路。从1958年开始，人民路经多次拓宽、改建，现快车道为10米，慢车道各5米左右，人行道各5米，总宽为32米。在苏州古城的中轴线上略偏西，笔直平整，是古城南北交通的大动脉。

050 北塔报恩寺　旧时卧龙街起自北塔报恩寺，南至文庙。图为民国时期的北塔报恩寺。

051 寺院山门 苏州解放后，住持昭三倡议
将寺院献给政府，后苏州市文物管理委
员会将其转交佛教会保管，该会即驻此，
故山门上挂有"江南吴县佛学会"牌。

052 寺前双井 民间称卧龙街像条龙，
北寺山门两侧原来各有一井，俗称
龙眼井。瑞典安特生摄于1920年。
1954年双井被拆除。

053 拓宽前俯瞰 1928年之前护龙街为石板路面，宽仅3米。从北寺塔上俯瞰大雪过后
的护龙街，街巷狭窄，两侧屋檐几乎相接。摄于20世纪20年代。

054 北寺塔俯瞰 1928年护龙街拓宽，北寺塔上俯瞰，护龙街在接驾桥处道路稍显弯曲，远处瑞光塔依稀可见。山门两侧各有楼房一座正在建设，寺院门前新筑的平门路与桃坞大街路口已颇为宽敞。摄于1931年。

055 056 护龙街旧影　护龙街 1928 年拓宽前后街景。左图为未拓宽前，街宽仅 3 米，行人脚下的石板即香花桥，瑞典安特生摄。右图为拓宽后，街宽已有 7 米，碎石路面，车马能够交会，但人行道很窄，行人只能行走在人家屋檐下。

057 护龙街景　拓宽后的护龙街北段街景，沿街都是店铺和住宅相结合的两层楼建筑。护龙街堪称民国时期典型的苏式传统商业街道。

058 观前街口 观前街与护龙街连接地段。摄于 1928 年。

059 马路继续拓宽 1941 年护龙街察院场至饮马桥段拓宽；1943 年又从饮马桥拓宽至三元坊段，弹石路面，宽 9~12 米。图为拓宽后察院场以南街景。

060 061 马路再次拓宽　1958 年人民路又一次拓宽。上图为拓宽之前北塔报恩寺前街景，
　　下图为北塔报恩寺前道路两侧的建筑开始拆迁情景。

062 北寺前街景　人民路再次拓宽后北塔报恩寺山门和围墙被拆除，北寺门前成为街心花园。摄于 1958 年。

063 接驾桥南　人民路拓宽后接驾桥南段街面，左侧建筑为新聚丰菜馆。顾东升摄于
1964 年。

064 接驾桥北　人民路北段拓宽工程竣工，但两侧尚未进行绿化。摄于 1959 年。

065 道路绿化 马路两侧进行绿化，小树初长成的人民路街景。摄于 1961 年。

066 公共汽车 人民路绿荫成片，路旁安装了新型的路灯。摄于 1964 年。

067 068 牌坊移建

北寺塔南的四柱三间五楼牌坊和三开间硬山顶门厅及清水砖贴面八字墙，原是马医科巷申时行祠前之物，建于明万历四十五年（1617）。上图是位于申时行祠前的牌坊、门厅及八字墙，下图为申时行祠牌坊等建筑被移建到北寺塔前情景。摄于1979年。

069 察院场北 人民路拓宽后乔司空巷附近。摄于 1960 年。

070 察院场 市民在察院场新建的邮电大楼前列队，欢迎出席全国农业学大寨会议的代表归来。摄于 1978 年。

071 干将坊口　乐桥北端，右侧转角楼上有干将坊路牌，公共汽车行驶在石子路上；左
　　　侧房屋缺口处即怡园。摄于 1960 年。

072 乐桥　乐桥南堍，行人和车辆稀少，两只鸡正在桥堍觅食，桥左侧即铁瓶巷东首。
　　　摄于 1955 年。

073 饮马桥北　饮马桥北街景，左为卫前街（今道前街），右为十梓街，道路两侧竖有红绿灯交通杆。摄于 20 世纪 50 年代。

074 饮马桥南　中华人民共和国成立后，苏州市军管会、中共苏州市委、苏州市人民政府、苏州市人大常委会曾先后设于饮马桥南人民路东侧。图中为位于人民路 80 号的中共苏州市委等机关大院建筑（今苏州图书馆址）。摄于 20 世纪 60 年代初。

075 三元坊 书院巷向南至文庙原来统称三元坊，清乾隆四十六年（1781），官府为连中三元的钱棨立牌坊于此，故名。街原宽3米，石板路面。摄于民国时期。1951年随着人民桥建造，南门开辟，三元坊道路拓宽，该路段被纳入人民路。

076 沧浪亭街口 三元坊与沧浪亭街交界处道路狭窄，街巷逼仄，街对面即为文庙。摄于民国时期。1951年该街口路段被纳入人民路。

077 南园地区　1951 年，为方便交通开辟南门，人民路经三元坊向南延伸至南门。图中可见南禅寺（后来在此兴建工人文化宫）、建于 1955 年的苏州市实验小学、新市路文庙牌坊和瑞光塔。顾公硕摄于 1956 年。

078 人民路俯瞰　从南门商业楼顶向北俯瞰人民路，近处是苏州市实验小学操场，稍远处是文庙前建造的居民新村、工人文化宫和竹辉路口街景。摄于 1995 年。

079 南门商业区　1951 年 9 月人民桥竣工。1952 年政府组织千余群众，在文庙至人民桥段填土 7 万多立方米，9 月即在南门举办苏南第三次城乡物资交流会，交流会结束后就组织了固定的集市。1956 年又开办了南门商场。南门由此成为继观前、石路之后苏州又一个商业区。摄于 1958 年。

080 人民桥重建　1977 年人民桥重建，拓宽为钢筋混凝土悬臂 T 梁桥，宽 22.62 米，长 62 米，两墩三孔，跨南门路则为立交桥，长 19.96 米。图为从人民桥北望苏州城。摄于 1979 年。

上册

马 路 街 巷

马 路 街 巷

苏州街巷是由古坊发展演变而来的。春秋时，苏州就有作为商业区的"市"，《越绝书》有"舞鹤吴市"的记述。唐时苏州则以坊为特点，白居易有诗云"七堰八门六十坊"。苏州古代街巷的鼎盛时期是在宋代，《平江图》完备地记述了平江城内街巷的概貌，之后尽管岁月变迁，苏州古城街巷的格局始终未有大变，许多街名也一直沿用至今。甲午战争后觅渡桥畔建立洋关，光绪年间沪宁铁路开通、火车站建立，城外马路得以开辟。民国时期对观前街、西中市、东中市、景德路、平门路等重要路段进行了拓宽重建或者开辟。中华人民共和国成立后苏州城区范围大大超过历史上的任何时期，数千年来原为荒郊、田野、坟丘、沼泽的城外地区，也逐渐被开拓为新居住区。城内一些由来已久的菜圃、桑园、荒场、冷滩之处，以及近则百年、远达千载的瓦砾堆、高墩，至20世纪70年代中期也都被清除、改造殆尽，道路建设同时跟进。

081 平门路初筑 古平门宋代已经堵塞，清光绪三十二年（1906）沪宁铁路通车，1928
年开辟平门，1929年建梅村桥并筑平门路。从北寺塔前香花桥至梅村桥，路宽仅7米，
弹石路面，行人稀少，两侧都是田野。摄于1929年。

082 平门路 沿马路已出现建筑，左侧为民居平房，右侧为民居楼房。摄于20世纪30
年代。

083 马路塔影　北寺
塔边的平门路段，
民居楼房建筑颇
为壮观。摄于 20
世纪 40 年代。

084 平门路　中华人民共和国成立后平门路拓宽至 30 米，路旁开始建设工厂和工人住宅新村。摄于 1954 年。

085 梅村桥　作为城市主干道，梅村桥和平门路成为苏州的交通较繁忙路段。摄于 1986 年。

086 阊门大街 东自皋桥起，西至阊门城门口，明清时此段路面开阔，太平天国战争中阊门地区被毁，清同治、光绪年间道路重建后街宽仅 2~3 米。图为从阊门城墙上俯瞰阊门大街。摄于清光绪二十六年（1900）。

087 088 **轧神仙** 农历四月十四日轧神仙，旧时是在阊门下塘的福济观和周边地区进行的。图为市民在拓宽前的西中市老街上举行轧神仙庙会活动。摄于 1934 年。

089 北童梓门　位于阊门探桥至北码头之间，童梓门即城墙城门洞通道，此段城墙被毁后，这里成为小巷。摄于民国初年。

090 东中市　1935年阊门大街拓宽，接驾桥至皋桥段称东中市大街。图为刚拓宽时的街景。

091 092 西中市
中华人民共和国
成立后皋桥至阊
门城门口路段称
西中市。上图为
西中市街上的彩
牌楼，摄于 1951
年；下图为苏州
市金阊区工商联
合会的报喜队伍
行进在西中市街
上，摄于 1958 年。

093 094 景德路

1927 年，由护龙街至金门的原郡庙前、朱明寺前、景德寺前、申衙前、黄鹂坊桥弄等路段进行拓宽合并，因旧有景德寺而名景德路。上图为景德路察院场口，顾东升摄于 1951 年；下图为景德路城隍庙附近街景，顾东升摄于 1964 年。

095 干将坊巷 干将坊为宋前古坊，相传因春秋时干将莫邪在此铸剑而得名，后人立坊纪念。位于人民路与言桥之间，原为小巷。摄于 1980 年。

096 濂溪坊 临顿路口顾家桥至苑桥，旧称资寿寺巷，宋代周敦颐（别号"濂溪先生"）曾经居此，故名。摄于 20 世纪 50 年代。

097 诗巷 位于言桥北塊，南接干将路，北连调丰巷，干将路工程实施后巷废。图为诗巷南端街景。摄于 1993 年。

098 顾亭桥与仓街 位于相门狮子口。相传宋代顾亭至孝，其母有宿孽，仙人怜而救免，顾感恩，倾其资独建此桥。图中仓街建筑即为江苏省第三监狱岗楼。摄于 1985 年。

099 100 道前街　明清两朝为官署集中之地。由卫前街、府前街和道前街合并而成。卫前即苏州卫治前，府前即苏州府署前，道前即兵巡道前，1980 年统称道前街。上图为人民路道前街口，摄于 1985 年；下图为道前街中段街景。

101 102 养育巷　南起道前街，北接中街路，宋代称中街路，明代俗呼羊肉巷，民国初
　　　　年钉路牌时书作养育巷。街原宽 2 米，中华人民共和国成立初拓成 8 米。上图
　　　　为养育巷拓宽时摄；下图为养育巷太平桥段街景，干将路工程时此地拆迁，拓
　　　　为干将路与养育巷的交通路口，摄于 1993 年。

103 定慧寺巷　东口在官太尉桥塘岸正对吴王桥，西口在凤凰街北段，巷内有定慧寺，故名。摄于 1938 年。

104 官太尉桥　西连干将路白显桥南堍，东接石匠弄和唐家巷。图为 1981 年西安电影制片厂拍摄的电影《特高课在行动》中官太尉桥的镜头。

109 110 碑记街（新市路） 府学文庙前道路，俗称篦箕街，源于文庙门前道路的铺装形式，即街中央用石条竖直连接，两边用石条横排砌好，就像梳头的篦子，又因路边多碑石，故也称碑记街，中华人民共和国成立后改名新市路。上图为篦箕街东段的"德参天地"牌坊，日本金丸健二摄于1920年；下图为篦箕街东段牌坊和文庙前的棂星门，摄于清光绪三十一年（1905）。

111 112 113 城外大马路　该处早先为大运河纤道，清光绪二十一年（1895）《马关条约》签订后，随着青旸地日本租界及公共租界的划定，觅渡桥洋关的设立和沿运河近代工业的兴起而开拓此路，自火车站经城外阊门、胥门、盘门至觅渡桥，成为苏州最早出现的一条马路。1980 年城外大马路从觅渡桥西至裕棠桥称南门路，从裕棠桥至胥门泰让桥称盘门路，从泰让桥北至阊门城门口称阊胥路。上图为大马路觅渡桥段初建时场景，摄于清宣统二年（1910）；中图为大马路觅渡桥段场景；下图为大马路青旸地日本专管居留地街景，摄于清光绪二十四年（1898）。

114 胥门路　东接学士街，西至阊胥路，万年桥居其中。1938年开辟新胥门，始有此路。图为胥门路万年桥以西街景，摄于清宣统二年（1910）。2003年此处街道因建设规划展示馆而被拆除。

115 城北公路　1982年城北公路建成通车，自此过往车辆不再经过古城区，改善了市区交通。

上册

子 城 风 云

子 城 风 云

体育场 / 大公园 / 乐益女中 / 金城新村

　　伍子胥建阖闾大城，城中心建有子城，即阖闾宫城，范围大致南至十梓街，北至干将路，东至公园路，西至锦帆路。原先四周环河，东西两侧河道已于 20 世纪 20 年代被填筑为公园路和锦帆路。自春秋至元末，子城作为行政中心，历为吴国、会稽郡、吴郡、吴州、苏州、中吴府、平江军、平江府、平江路等治所。元末张士诚先后将子城作为太尉府和吴王府，历时十年，兵败之际，张士诚妻妾等登齐云楼，命人纵火自殉，将王府宫殿连同唐末吴中胜迹齐云楼付之一炬，子城成为一片废墟。明初苏州知府魏观规划在子城废墟重建府署，并邀著名诗人高启作《上梁文》。因文中有"龙盘虎踞"之句，被人诬告"兴既灭之王基"，图谋不轨，朱元璋大怒，将二人押往南京处死。此后无人再敢问津，明清两朝直至民国初年，子城遗址被废弃竟达五个世纪之久，成为苏州城中一片凄凉败落的荒地，自明至清初称作王府基，清末称王废基，民国年间讹作皇废基。子城遗址西部于清末被辟为教场，1918 年改建为公共体育场；遗址东部于 1925 年至 1926 年被辟为公园，落成后定名苏州公园，俗称大公园；此外子城遗址还有乐益女中和金城新村等知名建筑。

体 育 场

古代属子城西部，清末辟为清军第三标校场，亦称王废基校场，兼作刑场。1918年10月改建成吴县公共体育场，1934年场地实际使用面积1.2万平方米，除篮球场外，场地都不平坦。日军侵占后为养马场，体育场移往今苏州市一中南部操场。1945年1月体育场迁回原址，但场地崎岖不平，下雨时泥泞如淤地，设备空无所存。中华人民共和国成立后改称人民体育场，1951年苏州市政府拨款扩建，面积扩展至3万平方米。1984年起场南北端各兴造建筑物，1985年于场东部两侧建设可容6000余名观众的看台，同时翻建成标准田径场，足球场种植草皮，全场占地2万平方米。苏州体育场的兴建，不仅方便了市民进行体育锻炼，同时也成为那个时代人民群众关心国家大事、表达心声的场所，并由此留下了许多珍贵的历史镜头。

116 王废基操场 1918年10月，将王废基校场改建成吴县公共体育场。图为体育场司令台。摄于1920年。

117 五四运动 1919年五四运动期间，苏州大中学校学生多次在公共体育场集会游行，"毋忘国耻""抵制日货""同胞速醒"等口号响遍全城。

118 五卅运动 1925 年 5 月 30 日，上海发生了震惊中外的"五卅惨案"。6 月 3 日，苏州各界在公共体育场集会，声援上海人民的爱国斗争。

119 欢迎北伐军 1927 年 3 月 21 日，参加北伐的国民革命军二十一师在师长严重率领下由吴江进入苏州，苏州各界在体育场举行欢迎大会。

120 追悼北伐阵亡将士　北伐军莅苏一年多后的 1928 年 8 月 3 日，苏州各界追悼国民
　　　革命军阵亡将士大会在公共体育场举行。

121 纪念孙中山　孙中山于 1925 年逝世，1929 年 3 月苏州市政府在公共体育场举行纪
　　　念孙中山逝世四周年大会，市长陆权发表演讲。

122 追悼肖特义士　1932年2月23日，援助中国抗战的美国人肖特驾机在苏州上空迎战袭击苏州的6架日机，重创日机1架，击毙敌指挥官大尉小谷，重创敌指挥机铳手、一等航空兵佐佐木，终因寡不敌众不幸被击中，牺牲于吴县车坊高垫镇，年仅27岁。肖特为美国援华飞行员牺牲第一人。4月28日，苏州各界在体育场隆重召开肖特追悼大会。

123 消防检阅　图为苏州消防检阅暨各届追悼救火殉职义士大会现场。摄于1935年。

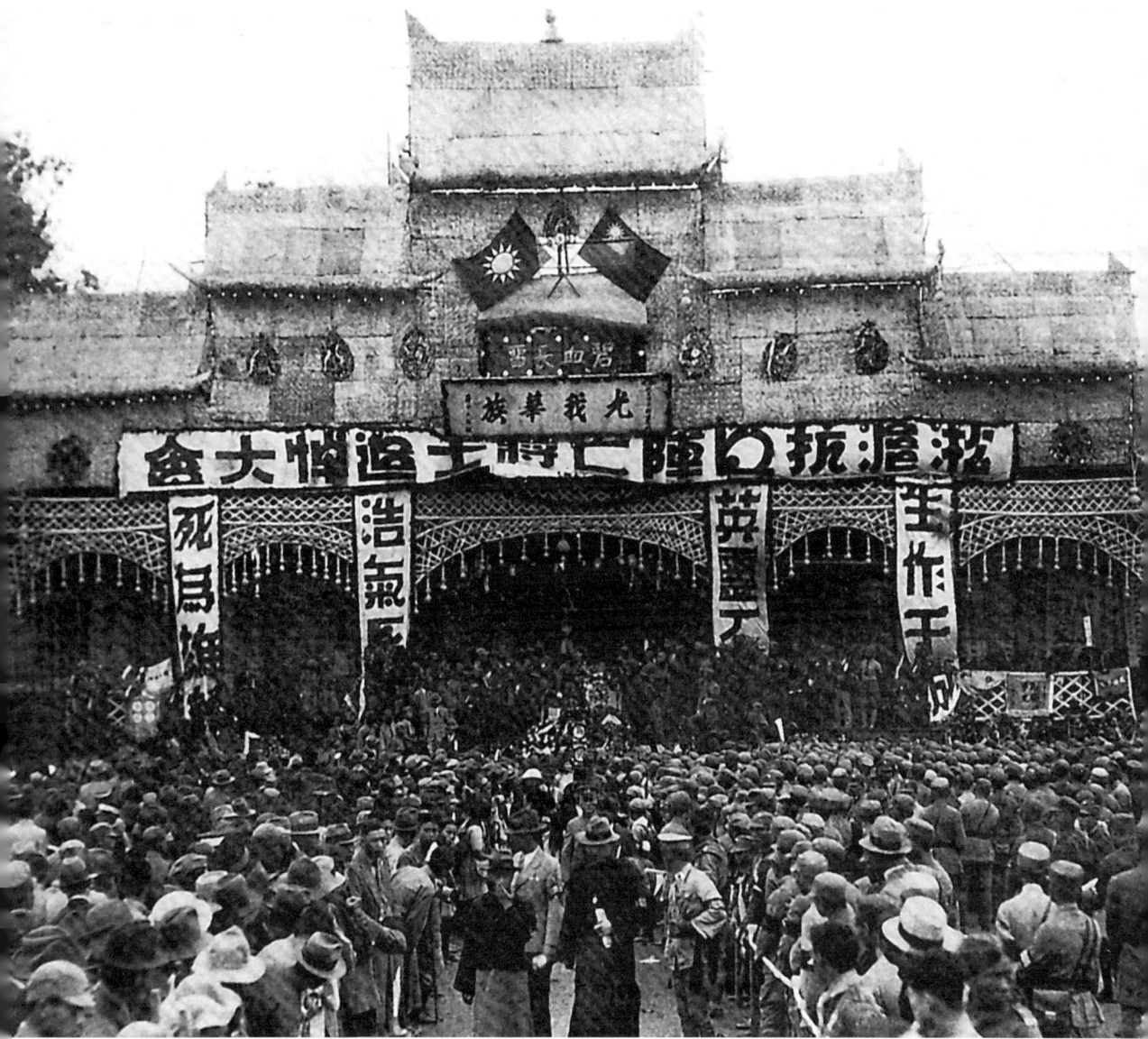

124 阵亡将士追悼大会 "一·二八抗战"自1932年1月28日持续到3月3日，十九路军与第五军牺牲官兵4000余人，伤员近万人。5月28日，淞沪抗战阵亡将士追悼大会在苏州体育场举行，全国各界代表前来出席者有10万余人，孔祥熙、李济深、蔡廷锴、张治中、陈铭枢等出席致祭。图为追悼大会主席台和台下场景。

125 追悼大会场景 淞沪抗战阵亡将士追悼大会台下场景。

126 庆祝抗日战争胜利 吴县各界人士在体育场集会庆祝抗日战争胜利。

127 体育大会　1949 年 12 月 6 日，苏州市第一届人民体育大会在体育场举行。有球类、田径、国术团体操等项目，参加竞赛、表演的有 4000 余人。张寰和摄。

128 秧歌表演　1949 年
5~7 月，华东军政
大学分两批从济南
到达苏州，编入各
团。图为华东军政
大学第二纵队在苏
州体育场进行秧歌
表演。张寰和摄于
1949 年 8 月。

129 参军参干 1950 年底，苏州市组建军事干部学校招生委员会，先后录取 4562 名青年入军干校。图为中学生在体育场集会，响应国家发出的关于"加强国防建设，巩固国家安全"的号召。

130 欢送新兵 抗美援朝运动中，苏州有 1559 名青年参军。图为苏州市政府在体育场举行仪式，欢送应征青年离开苏州。

131 欢迎志愿军代表团　1952 年 3 月，中国人民志愿军归国代表团和朝鲜人民军访华团华东分团一行 14 人访问苏州，苏州市政府在体育场举行盛大的欢迎仪式。

132 庆祝社会主义改造取得胜利　1953 年中共中央提出过渡时期的总路线，即要在一个相当长的时期内，逐步实现国家的社会主义工业化，并逐步实现国家对农业、对手工业和对资本主义工商业的社会主义改造。图为苏州各界庆祝社会主义改造取得伟大胜利情景。顾东升摄于 1954 年 9 月。

133 广播体操 中华人民共和国成立后人民群众普遍开展广播操和体育活动。图为苏州市六中学生课间在体育场做广播体操。张寰和摄于 1954 年。

134 体育运动会 中华人民共和国成立后，在"摘掉'东亚病夫'帽子"口号下，广大群众普遍开展以"卫国体育制度"为中心的体育活动，同时陆续举办各种运动会和竞赛活动。图为 1955 年召开的苏州市学生体育运动会现场。张寰和摄。

135 国庆十周年　　为庆祝国庆十周年，苏州市在体育场举行盛大的庆祝活动。摄于
　　　1959 年 10 月 1 日。

136 各界游行　　苏州市佛教、道教和伊斯兰教在民主改革中废除了封建剥削压迫制
　　　度，实行民主管理；天主教、基督教则开展了反帝爱国斗争，实行自治、自养、
　　　自传，走上了独立自主、自办教会的道路。图为民族宗教界人士在庆祝国庆十
　　　周年的游行队伍里。

137 小学生体育运动大会　苏州市少年先锋队暨小学生体育运动大会召开。摄于 1964
年 6 月 1 日。

138 儿童体育场　1956 年利用体育场斜对面的荒地建造儿童体育场，地址在今市民健身
中心。顾东升摄于 1964 年。

139 知青下乡 1968 年 12 月，毛主席发出"知识青年到农村去，接受贫下中农的再教育，很有必要"的号召。全国立即掀起了知识青年"上山下乡"的高潮。1968 年至 1969 年，苏州市共动员 1966 届至 1969 届知识青年 4 万余人下乡插队、插场。图为下乡知青在体育场登车启程，离开家乡奔赴农村广阔天地情景。

140 田径运动会 "文化大革命"期间举办的苏州市中小学生田径运动会。摄于 1971 年。

141 毛主席追悼大会　1976 年 9 月 9 日，毛主席逝世，举国痛悼。苏州各界 30 万人分别在体育场、苏州市一中和江苏师范学院等处隆重举行毛主席追悼大会，各单位也分别举行了悼念仪式。图为在苏州体育场召开的追悼大会现场。

142 拥护新的党中央　1977 年 8 月 12 日至 18 日，中国共产党第十一次全国代表大会在北京举行，宣告历时十年的"文化大革命"结束，重申要在 20 世纪末把我国建设成为社会主义的现代化强国。图为苏州人民在体育场举行盛大集会，拥护新的党中央。

大　公　园

　　苏州第一座现代公园，位于春秋吴子城旧址东部。1925年江阴旅沪巨商奚萼铭慷慨捐5万银元，择王废基东部为园址，请苏州工专土木科学生测绘平面图，交上海公董局法国园艺家若索姆规划设计，结合中国造园风格，浚池植树。同年7月末，在园中部荷花池南建成一座城堡式两层四面钟楼的图书馆，园内还曾竖美国肖特义士纪念碑。抗日战争爆发后图书馆与纪念碑俱毁。苏州解放时公园曲桥坍圮，仅存桥柱。1953年6月苏州市政府拨款整修，命名为苏州公园，疏挖荷池，重建澄虹桥，改建三曲桥为和平桥，将北草坪辟为幼儿乐园。1979年以公园东南部12亩地建地下防空工程——公园会堂。1980年公园东北角的花圃、花房被改建扩建为办公楼。1981年6月于公园西门内北侧建儿童乐园。1982年8月，苏州青少年天文观测站于民德亭西侧落成。

143 144 大公园　大公园东邻公园路，南临民治路，西至五卅路，北为草桥弄。上图为大公园初建时全景，下图为法国园艺家若索姆规划设计的公园大门。

145 民德亭　1931 年士绅从钱大钧等人处募得两千元，在土山上增建景观亭，时任吴县县长黄蕴深题亭名为"民德亭"。亭内四面以青砖砌成，各辟有门窗，亭周有廊环绕。为了增添山林意境，土山上还栽植了李根源所赠枫树 200 株。

146 月亮池　公园初建时在东南角开辟池塘，其形如一钩弯月，故名"月亮池"。池边修廊，紫藤翳密，又植树 4000 余株。1979 年在园东南部建地下防空工程——公园会堂时，月亮池被填没。

147 图书馆 　1925 年 7 月末，首先在园中部荷花池南建成一座城堡式两层四面钟楼的图书馆，初期藏书 3 万余册。抗日战争爆发后因馆内成立有抗日后援会等组织，图书馆被日军炮火炸毁。图为公园大门和图书馆。黄笃初摄于 1934 年，图载《江南旧影》。

148 荷花池 　大公园荷花池和图书馆。

149 公园留影 大公园
图书馆建成之后，
市民纷纷到此拍照
留念。摄于 20 世纪
30 年代初。

150 公园游人 大公园
建成之初在园内活
动的市民。

151 肖特纪念碑 为纪念在"一·二八抗战"中因保卫苏州机场与 6 架日机作战而英勇牺牲的美国飞行员肖特,苏州民众于 1932 年 7 月 29 日在民德亭后立花岗岩纪念碑。苏州沦陷后碑毁,抗日战争胜利后恢复肖特纪念碑。

152 炮指东方 1932 年"一·二八抗战"爆发后,苏州市民同仇敌忾,在大公园高墩上安置两尊大炮,炮口遥指东方,以示中国人民抵抗日本帝国主义的决心。

153 公园门前 公园大门和民治路街景。张寰和摄于 1955 年。

154 休闲场所　大公园自创建以后，保持了南半部草坪、花坛、喷泉和北半部山水自然
式中西合璧的规划布局，成为群众喜爱的游乐休息之地。张襄和摄于 1956 年。

155 公园水系　1927 年在中部荷花池上架三曲朱栏桥，1930 年南侧荷花池与北部土山
周边水系相互沟通。图为荷花池与三曲桥。摄于 1994 年。

156 东斋茶室 1925 年位于荷花池东首的东斋落成。这是一座五开间的四面厅建筑，建成后成为茶室，前往品茗者甚众。摄于 1994 年。

157 老年之家 1947 年严欣淇出资在公园东部建裕斋。1983 年在此创办老年之家，室内大厅设有阅览室，两侧还有活动室。摄于 1994 年。该建筑现已被拆除重建。

乐 益 女 中

　　安徽合肥人张冀牖（1889—1938），系两广总督、江苏巡抚张树声之孙，由沪迁居苏州，于1921年变卖家产，创立乐益女子中学。1925年8月中共上海区委指派中共地下党员侯绍裘到苏州组建党组织。同年9月，侯绍裘与张闻天、叶天底在乐益女中秘密成立中共苏州独立支部，叶天底为首任书记兼组织委员，张闻天为宣传委员，侯绍裘为支部委员。中共苏州独立支部第二任书记为许金元，第三任书记为汪伯乐。中共苏州独立支部成立后，领导组织了1925年声援五卅运动。1926年为了迎接大革命高潮的到来，与军阀孙传芳势力展开斗争，揭开了苏州人民革命斗争的新篇章。

158 宋衙弄　位于体育场南，因有宋姓居此而名，始称于清，1966年改称体育场路。图为宋衙弄街景，乐益女中即在巷内。张寰和摄。

159 乐益女中　1921年安徽合肥人张冀牖创立乐益女中。张寰和摄。

侯绍裘（1896—1927）　　　　叶天底（1898—1928）　　　　张闻天（1900—1976）

许金元（1906—1927）　　　　汪伯乐（1900—1926）

160 中共苏州独立支部　　1925 年 9 月，侯绍裘、张闻天与在乐益女中任教的中共党员叶天底一起组织成立了中共苏州独立支部。侯绍裘，松江人，中共苏州独立支部创建人，1927 年 4 月在南京被国民党右派杀害。叶天底，浙江上虞人，中共苏州独立支部首任书记兼组织委员，1928 年在浙江陆军监狱英勇就义。张闻天，上海南汇人，时任独立支部宣传委员。许金元，苏州人，曾任中共苏州独立支部第二任书记，1927 年 4 月与侯绍裘同在南京牺牲。汪伯乐，生于苏州，1926 年 8 月接任中共苏州独立支部书记；与柳伯英等筹划策应北伐军，事泄；12 月 16 日汪、柳同在苏州被捕，解宁后遭军阀孙传芳杀害。

161 学校操场　　操场正对学校大门，身穿旗袍的同学在操场上活动。张寰和摄于民国时期。

162 教学楼　　乐益女中教学大楼。张寰和摄。

163 学生游戏 学校原先的操场后来成为校园绿地，园中栽种的正是那棵日后成为乐益女中象征的雪松。张寰和摄。

164 课间活动 1956年苏州市教育局接办乐益初级中学，改称苏州市第六初级中学。同学们身后，那棵雪松已经长大。张寰和摄。

165 学校门前 中华人民共和国成立后乐益女中改称乐益初级中学。图为学生和老师在校门口留影。张寰和摄。

166 机关驻地 乐益女中旧址后来重建，成为苏州地区机关办公大楼，1983 年实行市管县新体制后，又成为苏州市级机关驻地。图中机关大院内的那棵雪松，寄托了人们对于乐益女中的永久怀念。2020 年此地重建，成为苏州市党性教育基地。

金 城 新 村

位于子城遗址五卅路的金城新村，原系金城银行于20世纪30年代中期建造的高级职员住宅群。苏州解放后粟裕率三野司令部在这里指挥了解放上海的战斗。20世纪50年代这里成为中共苏州地区委员会驻地，1983年后成为中共苏州市委员会驻地。

167 五卅路 1925年5月30日，上海发生了震惊中外的"五卅惨案"，苏州民众积极捐款，寄往上海。后因五卅运动后援会结束，上海退回了苏州民众支援沪地工人的六千元捐款，苏州各界将此款用于建路，并定名五卅路。

168 169 上海战役指挥机关旧址 1949年5月8日至26日夜，粟裕在金城新村最南端的楼里，下达命令指挥了解放上海的战斗。图为旧址纪念碑石和当年苏州火车站正待起程的"上海解放号"列车。

170 中共苏州地委 位于五卅路金城新村的中共苏州地区委员会和江苏省苏州地区革命委员会驻地。摄于1978年。

171 中共苏州市委 1983年3月苏州实行市管县新体制,撤销中共苏州地区委员会和苏州地区行政公署,金城新村成为中共苏州市委员会驻地。

172 民主党派机关 1996年苏州市行政中心搬到三香路180号,此地成为苏州民主党派机关驻地。

上册

虎 丘 古 迹

虎丘古迹

　　虎丘又称海涌山，相传远古时为海中小岛，历经沧桑，现为平畴山丘。虎丘之名据《吴越春秋》载："阖闾葬虎丘，十万人治葬，经三日，金精化为白虎，蹲其上，因号虎丘。"北宋朱长文认为"丘如蹲虎，因以为名"。东晋司徒王珣与弟司空王珉于剑池两侧建别墅，后舍宅为寺，名虎丘寺。唐宝历元年（825）白居易任苏州刺史，筑堤凿渠，引溪环山，广植桃柳，红栏碧树与绿波画舫相映，水陆往来频繁，虎丘山塘声名益著。后周显德六年（959）建塔。清咸丰十年（1860）太平天国战争，虎丘除古塔与二山门外，山寺建筑俱毁。清末民国时期士绅发起整理虎丘名胜。1953年苏州市园林修整委员会初予修葺，6月开放游览。1954年园林管理处接管，翌年疏浚剑池，新建放鹤亭、涌泉亭、东丘亭等，并在二山门向西一带平地开河。1956~1957年挖通环山河，建海涌桥，疏通第三泉，建悟石轩、花雨亭，修整百步趋，砌筑石驳岸。1959年重建后山主要建筑。1962~1963年修葺十八折、小吴轩、千手观音殿等。20世纪50~60年代前期，连续大规模绿化植树，前后山形成苍翠林海，尽改昔时荒凉面目。改革开放以后又对虎丘全面进行整修，恢复摩崖石刻及景点，补植大批花木，加强培育养护，千年古塔倾斜之势也得到了控制。

173 战前虎丘塔　太平军占领苏州之前的
虎丘塔，塔上砖仿斗拱、檐下平座等
各种构造齐全，塔檐尤为醒目；塔下
右侧屋顶是大佛殿；大佛殿南侧的飞
檐则是为迎接清康熙帝南巡在山巅建
立的万岁楼。法国丹尼斯·路易·李
阁郎摄于咸丰七年（1857）。三年之后，
虎丘被毁。

174 战后虎丘塔　清咸丰十年（1860）至
同治二年（1863），虎丘地区全部毁
于兵火，时宝塔塔檐全无，周围殿宇
台榭荡然无存。图中孤零零的柱子是
大佛殿遗迹；大佛殿遗迹南侧、二仙
亭之上则是万岁楼遗址。英国约翰·汤
姆逊摄于同治八年（1869）。

175 战前万岁楼与悟石轩 清末战乱之前,虎丘山巅万岁楼与悟石轩旧影。法国丹尼斯·路易·李阁郎摄于清咸丰七年(1857)。当年康熙帝曾经免除苏州积年所欠杂税,百姓感恩,在康熙帝第二次南巡之际,于大佛殿南侧建万岁楼以志纪念。然而至清朝末年民不聊生,苛捐杂税卷土重来,此时万岁楼成为一栋危楼,最后消失在了战火之中。

176 战前白莲池与沿池商铺 虎丘白莲池周围清代时曾经建有大量商铺,图中还能看到这些饰有大字标语的小楼。法国丹尼斯·路易·李阁郎摄于清咸丰七年(1857)。

177 清末虎丘　太平军占领苏州，虎丘山佛殿祠庙均遭破坏。淮军会同戈登"常胜军"合围苏州，为扫清太平军外围，戈登又炮击虎丘，山上建筑几乎全毁，仅剩下古塔和二山门。虽然光绪年间开始修复重建，但图中除了左侧的拥翠山庄和右侧的东山庙正在建设之外，虎丘就是一座荒山。摄于清代。

178 清末百姓　虎丘头山门前市井人物。摄于清同治九年（1870），图
载《1860—1930：英国藏中国历史照片》。

179 180 头山门

虎丘正门，临山塘街。
上图为旧时头山门，
三个门洞为上圆下方
的券首门宕，摄于清
代；下图为1918年虎
丘寺住持中照重建的
头山门，三个门洞改
成了长方形门宕，摄
于1930年。

181 头山门 虎丘山门外有八字围墙，下折至山塘河边，临河有石级、码头，围成一约 300 平方米的山门广场，以东西两巷门连通山塘街，广场近正门两侧有古井一对，旧名双泉。摄于 20 世纪 30 年代。

182 断梁殿 二山门断梁殿西侧有拥翠山庄，1918 年在山巅兴建冷香阁。摄于 1925 年。

183 虎丘山 二山门前甬道崎岖不平，除拥翠山庄和冷香阁外，整座山岗依然一片荒芜。
日本金丸健二摄于 1920 年，图载《老照片·长江旧影（1920）》。

184 山门巷铺路　头山门向前至断梁殿二山门间为山门巷，原来道路崎岖不平，曲如羊肠，1934 年地方士绅刘正康等发起了虎丘名胜整理会，将山门巷这段改铺弹石路面，游人可策驴抵达虎丘。

185 轿歇山前　旧时游人常乘坐轿子经山塘抵达虎丘。图为轿子停歇在山门甬道上。

186 骑驴游虎丘　策驴游览虎丘曾经是虎丘旅游的一个特色项目。瑞典安特生摄。

187 东侧山影 虎丘东侧山坡土墩，树木稀疏，尚无建筑。德国恩斯特·柏石曼摄于清宣统元年（1909）。

188 西侧山影 虎丘上山道西侧分别是二山门、拥翠山庄、冷香阁和宝塔。二山门断梁殿西侧原有三讲官寺，祀明代做过侍讲的文震孟、姚希孟和陈仁锡，清咸丰年间被毁后一直抛荒，1923 年地方士绅张仲仁、刘正康等在该址创办私立敦仁小学。摄于1925 年。

189 **断梁殿前** 山门巷断梁殿前甬道右侧
围墙内为商团纪念碑林，左侧为鸳鸯
冢亭。

190 **鸳鸯冢亭** 明崇祯十四年（1641）长
洲蠹口倪士义去世，其妻杨氏作鸳鸯
冢葬夫，并自刎而死，与夫同葬，士
绅捐金葬夫妇于虎丘二山门前。清咸
丰战乱后墓冢荒芜，乡绅重修并筑亭。
探花吴荫培于亭柱题联曰：梁案齐眉
愧高士，吴山埋骨傍真娘。1956 年浚
河筑海涌桥时将冢亭迁移，今墓冢已
失，冢亭则位于虎丘西南山麓。

191 虎丘全景　山体左侧二山门、敦仁小学、拥翠山庄、冷香阁和宝塔尽收眼底，山体右侧是清光绪年间建的东山庙。虎丘山前原来是环山河南段，即塔影浜，但在二山门前却戛然而止，此乃元末张士诚在虎丘环山筑城，兵败后撤桥断河所致，二山门前的亭子则是鸳鸯冢亭。摄于1936年左右。1956年在此凿通环山河，同时建造海涌桥。

192 山门甬道　头山门甬道西侧为郡厉坛故址，逢清明及七月半，官员到此祭拜，民国后渐废。1926年在郡厉坛旧址建救火会公墓，内植松柏，公葬救火牺牲义士史金奎，于右任题碑。1926年苏州总商会在头山门甬道东侧建商团纪念碑林并植树。金石声摄于1952年。

193 **上山道** 二山门至千人石之间，路左侧建筑依次为拥翠山庄、憨憨泉、不波艇、冷香阁等。图中小屋即憨憨泉井亭。

194 **拥翠山庄** 清光绪十年（1884），内阁学士兼礼部侍郎洪钧与友人集资，在二山门内甬道西侧的月驾轩旧址建拥翠山庄，一座封闭式的阶梯台地古典园林。两侧墙上嵌置石刻"龙""虎""豹""熊"四大字，为桂林陶茂森所书，移自旧时寺墙。

195 山寺被毁　虎丘寺院依山势而高下逶迤，被誉为吴中梵宇最胜者，清咸丰年间兵燹
后殿宇十不存一。图中月洞门已不见，二仙亭以上建筑也荡然无存。摄于 1920 年。

196 山寺重建　清同治、光绪年间，虎丘云岩寺陆续重建。图中可见月洞门和二仙亭以
上的山巅寺院建筑已经恢复。摄于 1930 年。

197 冷香阁 1918 年由吴江人金松岑、汪鼎承、费仲深等倡议集资新建，1923 年 11 月举行开幕典礼。阁周围陆续栽植红绿梅七百余株，每至花汛，香雪弥漫，为苏州当年的赏梅胜地，有"小香雪海"之称。冷香为梅花别称，阁名由此而来。摄于 1930 年。

198 石观音殿 位于千人石西侧高处，建于北宋，毁于战乱。清同治三年（1864）摄。

199 申文定公祠 南连石观音殿，北临第三泉，为祭祀明太师申时行之所，明万历四十八年（1620）建，1920 年在废址上重建。

206 207 国魂冢　1933年建于虎丘塔下，安葬着"一·二八抗战"中牺牲的十九路军战士。
纪念塔碑文曰："中华民国二十一年一月二十九日，倭人背约入寇，幸十九路
军抗御，克振国威。是夕首当其冲者，为屯驻北车站之宪兵第一团。身犯凶锋，
致命遂志，阵亡者七人，为长汀范占春、祁阳黄仁来、无锡吴家驹、杭县程鹏飞、
湘乡胡伯玉、武昌汤文卿、黄陂李震，年皆二三十左右，卫国卫民，至死不辱，
呜呼烈已！"址在今雪浪亭。1937年日军占领苏州，国魂冢被毁。

208 烈士公墓　1951年民政
部门在断梁殿北建革命
烈士公墓，将原分散在
相门外和虎丘附近的数
处革命烈士墓迁葬于此，
1956年烈士公墓迁至西
郊横山烈士陵园。

209 东山庙　位于东山浜，原为晋司徒王珣别业，王珣舍宅为寺后，成东虎丘寺。五代建寺后，在此处建东山庙，祀王珣夫妇。清末毁于战火，光绪年间重建。庙前有石狮一对，铁香炉一只。摄于清宣统元年（1909）。1980 年此地辟为万景山庄。

210 望苏台　山巅小吴轩，其外有望苏台，凭栏远眺，烟霭万家，故有"过苏而不登虎丘俗也，登虎丘而不登小吴轩亦俗也"。图为望苏台上俯瞰苏城情景。摄于清光绪二十四年（1898）。

211 东溪　虎丘环山河东段，俗称东山浜。图中建筑为东溪河畔的东山庙，即今万景山庄盆景园处。

212 塔影桥　元末，虎丘环山河南面河道只到东山庙（今万景山庄）附近。1956 年开通和疏浚环山河南段，并建海涌桥。图为塔影桥旧影，隐约可见已被堵塞的虎丘环山河南段。摄于 1930 年。

213 牌坊群 虎丘坊表甚多，或颂贤良，或褒节孝，图中牌坊位于虎丘南部塔影浜附近。摄于 1920 年。1950 年东山庙一带划归虎丘中学分部后景观消失。

214 虎丘山南翁仲 虎丘南部山丘地俗称黑松林，这里原是一片荒地和墓冢区，散落着石人、石马，位置在今西园路北的一号桥区域，1928 年在此开辟虎丘路。1958 年又在一号桥畔建设苏州市化工机械厂。1997 年苏州市考古所在此发现了三国东吴墓五座。摄于清光绪三十一年（1905）。

215 开辟虎丘路　1928 年苏州市政筹备处决定开辟经留园马路向北延伸至虎丘的马路，时钱大钧部队入驻苏州，遂请其协助筑路，后市政筹备处续筑，至 1930 年清明竣工。

216 虎丘路　马路开阔，马车奔驰，图中两侧是虎丘花农为茶花过冬所建的花厢房。金石声摄于 1952 年。

217 山前马车　阊门鸭蛋桥堍设有马车，游人多取此道游虎丘，虎丘山前车马熙攘。

218 后山营垒遗址　元末张士诚占据平江，为加强外围防务，在虎丘环山筑城。清末太平天国时期李秀成又在虎丘筑土城挖深壕。图为苏州市文化处处长范烟桥等在后山进行考察。顾公硕摄于 1956 年。

219 后山公路　1957 年后为加固维修云岩寺塔和重建虎丘后山建筑，张士诚土城遗址被改建成环山公路。

220 后山残景 因战乱虎丘后山建筑被毁，图中小武当青石牌坊四周建筑已成为废
墟。摄于中华人民共和国成立初期。

221 后山重建 虎丘后山一带全系泥土所积高冈，昔以空蒙浩渺胜，有"虎丘后山
胜前山"之说。1959年虎丘后山开始重建，有百步趋，十八折石阶可通后山。
依宝塔轴线则有玉兰山房、通幽轩、小武当诸胜。图为重建时情景。

222 建造海涌桥　位于二山门前，此处原有桥，跨环山河，元末张士诚环山为城，兵败后撤桥断河。1953 年苏州市园林管理处接管虎丘并进行修缮。图为 1956 年重新凿通环山河、建造海涌桥时情景。

223 第一次修塔　中华人民共和国成立时，虎丘塔残破不堪，游人仅见危塔暮鸦，西风残照。1956 年文化部副部长、文物局局长郑振铎对抢修虎丘塔发表意见，表示中央对此异常重视，认为该塔有关国际观瞻，影响重大，必须在年内紧急抢修，以防意外。如果突然发生变故，恐将造成不可弥补的损失。经过专家论证和施工准备，1957 年 3 月至 9 月，采取苏州市建筑工程公司王国昌工程师等人提出的用铁箍围固和水泥填补裂缝方法加固塔身，使倾斜开裂的千年古塔转危为安。

224 225 第二次修塔 1981 年至 1986 年，在国家文物局文物处处长罗哲文等专家指导下，苏州市文化局组织对底层塔体和地基进行抢修加固工程，使这座已倾斜两米多的千年古塔安然无恙。

226 万景山庄 1979 年 10 月，在虎丘东南隅原东山庙、大德庵和绍隆塔院旧址，开工新建荟萃苏派盆景艺术精华的专业盆景园，占地 24 亩，1982 年 10 月 1 日建成开放。

上册

玄 妙 观

玄妙观

　　玄妙观创建于西晋咸宁二年（276），初名真庆道院，唐开元二年（714）改称开元宫，宋大中祥符五年（1012）改名天庆观，元代改名玄妙观。观内空地，人们支布为庐，晨集暮散，所鬻多糖果小吃、琐碎玩具，间及什物、江湖杂耍、医卜星相等构成了热闹非凡的玄妙观集市。每逢春秋佳日，本市和外埠的游客三五成群结伴而来，其中烧香拜神的宗教信徒是少数，大多数是专门为看热闹、逛市场而来的，故苏州人有"白相玄妙观"的俗语，和上海的城隍庙、南京的夫子庙一样，苏州玄妙观成为游人必到的一个处所。玄妙观占地52亩，除三清殿和正山门外，还有副殿和配殿二十四座，弹丸之地集中了宋、元、明、清历代殿宇，称得上是古典建筑的博物馆。

刘公祠

袭衣殿　　　肝胃殿

牛姑洪

方大

殿母司

殿吕八仙

殿官三

大茅庙亭

长生殿

行宫

四角亭

尤神殿

雷尊殿

如意门　　　吉祥门

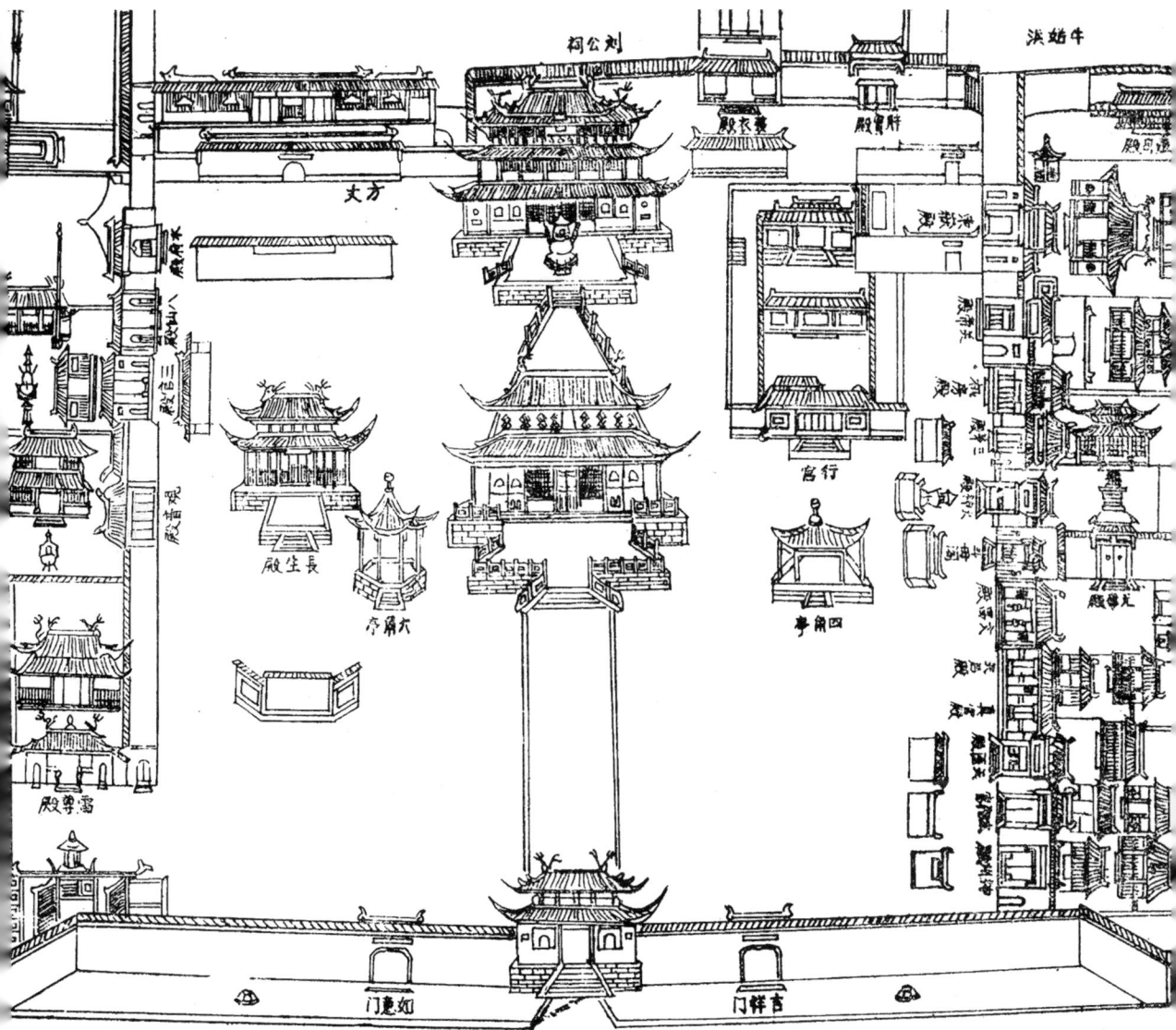

227 玄妙观殿宇图　　玄妙观除中路的正山门、三清殿、弥罗宝阁外，东、西两侧及后路，曾经有过历代建筑二十四座，其中，东路从南至北为神州殿、太阳宫、天王殿、真官殿、天后殿、文昌殿、斗姆阁、火神殿、三茅殿、机房殿、关帝殿、东岳殿、痘司殿，西路从南至北有雷尊殿、观音殿、三官殿、八仙殿、水府殿，后路从左往右有方丈殿、蓑衣真人殿、肝胃殿，三清殿两侧则有行宫、长生殿、四角亭、六角亭等建筑。本图据清道光《玄妙观志》摹绘。

228 三清殿 玄妙观主殿，建于南宋淳熙年间，至今已有八百多年历史，面阔九间，巍峨轩昂。文物专家罗哲文到苏考察后认为其气势只有北京故宫太和殿和曲阜孔庙大成殿可比，但这些建筑的年代都远远晚于南宋。玄妙观三清殿是苏州目前留存于世最宏伟的道观建筑。摄于1920年。

229 清末玄妙观 多数游人喜欢下午逛玄妙观，图中此时是上午，故观内摊贩零星，人员稀少。德国恩斯特·柏石曼摄于清宣统元年（1909）。

230 清末玄妙观 经常在观内聚集的，大都是些小本经营的摊贩和勉强维持生计的江湖艺人。摄于清光绪三十一年（1905）。

231 清末玄妙观 旧时玄妙观热闹的背后也有悲惨，有人将玄妙观称为"乞丐俱乐部"。除乞丐之外，尚有无业和失业游民，他们穷困潦倒，满面愁容地在观内闲荡，故玄妙观又有"失业公所"的称号。外国传教士汉克斯·西尼斯摄于清光绪三十年（1904）。

232 民国玄妙观　市民看到有人在摄影，都好奇地凑过来看热闹。日本金丸健二摄于 1920 年，图载《老照片·长江旧影（1920）》。

233 观内俯瞰　玄妙观内商贩的临时摊点都改建成了固定铺位。图为观内店铺俯瞰情景。 摄于 20 世纪 40 年代。

234 235 山门两侧拆迁 1931 年观前街拓宽，拓宽前德记地产公司利用正山门两侧地基，
建了两幢商业楼房。图为正山门东、西两侧拆迁建设时情形。

236 正山门　五开间殿宇，重檐歇山顶。唐宋时曾毁，宋皇祐年间重建，清乾隆三十八年（1773）失火烧毁，四十年（1775）巡抚萨载重修。图为正山门后门摆放的饮食摊点，时山门两侧商楼尚未建设。瑞典安特生摄。

237 正山门　两侧三层商业楼房已建成，商业楼房屋脊及四面翘角与玄妙观建筑风格尚属一致。摄于 1950 年。

238 三清殿 三清殿露台篷帐下挤满了理发摊。金石声摄于 1952 年。

239 玄妙观 玄妙观内建筑拥挤，摊点充斥，秩序杂乱。金石声摄于 1952 年。

240 正山门 正山门刚刚经过修缮，显得格外端庄，道路整洁，行人悠闲。顾公硕摄于 1956 年。

241 正山门神像 正山门内两侧原来列有"辟非""禁坛"两将军，以及马、赵、温、王四大天君神像，系元代作品。这些神像冠盔披甲，手持枪剑，威武高大，形象生动，20 世纪六七十年代被毁。图中依次为马、赵、温、王四大天君神像，顾公硕摄于 1956 年。

242 观内植树　1956 年政府迁走观内杂乱无章的摊店，拆除所搭棚屋。1961 年还在观内进行绿化，种植了香樟和银杏等树。摄于 1961 年。

243 环境整治　中华人民共和国成立后对玄妙观进行了整治，乞丐被送入教养所，大量无业失业人员陆续走上工作岗位，玄妙观"失业公所"称号成为历史。但正山门两侧商业楼房经过修缮，传统飞檐屋面已消失。

244 三清殿画张门市部　三清殿曾是传统的年画市场，中华人民共和国成立后有段时间，三清殿成为新华书店画张门市部。顾公硕摄于 20 世纪 50 年代。

245 三清殿工艺品商场　20 世纪 70 年代，三清殿曾经被改为工艺品商场。

246 三清殿露台 当时市民都喜欢逛玄妙观，男女老少交谈甚欢。顾公硕摄于
20 世纪 50 年代。

247 三清殿前 三清殿前摆满康乐球桌，吸引年轻人到此游玩。摄于 20 世纪 80
年代。

248 249 玄妙观配殿 除三清殿和正山门外，玄妙观还有副殿和配殿二十四座，各殿所供神像大都出自神话传说，如太阳神、雷神、火神、关帝、文曲星、灶神、土地、八仙、寿星、观音等。20世纪50年代初玄妙观尚存配殿十六座，这些建筑后来陆续被多家单位使用。左图为财神殿，位于东脚门，供奉财神像，现为道教协会办公室；右图为蓑衣真人殿，位于弥罗宝阁后，始建于宋淳熙三年（1176），所供神像相传能保五谷丰登，1963年成为服装二厂。两图均由顾公硕摄于1956年。

250 文昌殿　在东脚门，建于清嘉庆年间，供奉文昌帝君神像。20 世纪 70 年代为苏州处理品商店。顾公硕摄于 1956 年。

251 方丈殿　在弥罗宝阁西侧，建于清康熙年间，供奉萨祖师神像。20 世纪 70 年代为观前菜场营业所。顾公硕摄于 1956 年。

252 253 弥罗宝阁

位于三清殿后，明正统三年（1438）巡抚侍郎周忱、知府况钟捐俸所建。万历年间毁于火。清康熙十二年（1673），玄妙观方丈铁竹道人施道渊、巡抚慕天颜、道纪司陶宏化历时三年重新募资建造，殿宇九开间，三层楼阁。所供神像，上事玉皇、中事斗姆、下事

地祇。第三层供奉的是万天帝主，左右配祀三十六员天将；第二层是万星帝主，左右配祀二十八星宿；第一层是万地帝主，左右配祀六十甲子星宿像。嘉庆年间方丈陈全莹曾募捐修整，同治时浙人胡雪岩又出资重修。1912 年 8 月 28 日傍晚失火，全部被烧毁。下图由德国恩斯特·柏石曼摄于宣统元年（1909）。

上册

观 前 闹 市

观 前 闹 市

观前街 / 北局小公园

观前街名称，因玄妙观名称的不同而先后为天庆观前、玄妙观前。明代因玄妙观内遍种桃树，桃花开时，灿若云锦，故民间又有"碎锦街"之称。清乾隆、嘉庆年间始名观前街。1937 年曾改名中山路，1966 年后一度改称东方红大街，1980 年恢复观前街名称。清咸丰十年（1860），阊门外苏州最繁华的商市毁于兵燹，观前受损较微。同治二年（1863），太平军退出苏州，逃亡商贾陆续回苏，观前开始受到商人青睐。辛亥革命后，百货业在观前发展迅速，至 1927 年已有 40 多个行业、120 余户商铺。清末民初，观前街分为观前大街和察院巷两段。观前大街大致自醋坊桥至施相公弄口，察院巷大致自施相公弄至察院场口，街宽 2~3 米。1931 年拓宽后，路幅增至 7~8 米，统称观前街，大小商号纷纷扩建翻建。1934 年 9 月，小公园国货商场建成开业，观前地区（包括宫巷、太监弄、北局、青年路、邵磨针巷）形成苏州城最繁华的商业中心。

观 前 街

东自临顿路醋坊桥起，西至人民路，全长770米。清末民初，观前街分为观前大街和察院巷，街宽2~3米，路面为条石砌成。1931年11月观前街拓宽，由条石路面改为小方石路面，路幅拓宽至7~8米。1965年改成沥青路面。1982年6月20日观前街成为全市第一条步行街。1999年改造成石板路面。

254 255 观前旧影（一） 清道光年间郡绅捐资砌筑石板街，街面宽仅3米左右。清末战乱中观前受损较小，城内许多有钱人也都居住在临顿路一带，他们购买力强，故商号店铺逐渐向这里汇聚，观前开始繁荣，且观前东商市又要比观前西兴旺。左图为观前东街景；右图为观前中段街景，乾泰祥绸缎、松萝茶叶等品牌赫然在目。图载《格雷戈里的中国摄影集》。

256 257 观前旧影（二） 清嘉庆、道光以后，观前商市陆续发展，名店和土特产商店开始出现。左图为观前街拓宽前生春阳腿栈附近街景；右图为沦陷时期，伪江苏省政府在苏州成立后，观前街支巷内挂有"苏省公泰中西旅馆"店招的街景。

258 259 观前街景　左图为观前出售折叠扇的扇庄铺面，右图为观前专门修理家用物品的摊位。图载《格雷戈里的中国摄影集》。

260 观前拓宽后　1931 年观前街拓宽，两侧店铺纷纷缩进，并改建门面或新建楼房，观前民国风情街由此形成。图为观前西邵磨针巷口街景。

261 蔡廷锴在街上　1932 年 5 月 28 日，十九路军蔡廷锴等将领从观前街步行前往苏州体育场，参加抗战阵亡将士追悼大会。

262 **怡和祥绸布号** 观前东怡和祥绸布号门前街景。摄于抗日战争全面爆发前。

263 **同仁和绸缎局** 位于现新华书店所在地，由清末尤先甲开办，是当时观前街上的大商号。

264 采芝斋糖果
观前东采芝斋
和东禄茶食糖
果店前街景。摄
于抗日战争全
面爆发前。

265 公共汽车
沦陷时期的观
前街。

266 庆祝苏州解放　　1948 年因中原战事告急，河南大学等多所学校暂迁苏州。图为该校师生扛着"光明来临"的标语，行进在观前街上，庆祝苏州解放。摄于 1949 年 5 月。

267 扭秧歌　　市民在观前街集会，游行队伍前，人们扭起了秧歌。摄于 1951 年 12 月。

268 游行集会 市民举着社会主义阵营国家领导人的画像参加游行，反对美国发动侵朝战争。摄于 1950 年。

269 文艺工作者 抗美援朝时期文艺工作者游行队伍。摄于 1950 年。

270 宫巷游行　抗美援朝时期，各界纷纷签订十项爱国公约，市民集会游行，一路打鼓，燃放炮仗。摄于 1951 年。

271 观前街景　正山门前街景，路旁刚栽的小树长出了新叶，街上行人往来穿梭，远处有辆公共汽车正停靠在东脚门站台。顾东升摄于 1959 年。

北 局 小 公 园

　　明洪武元年（1368），在此建立织染局，为提督苏杭织造太监监理织染之所。清顺治三年（1646），在孔夫子巷（今孔付司巷）建南局，即苏州织造局，于是明代织染局址（今邵磨针巷东）就改称为北局，地以局名。北局小公园开辟于1931年，位于观前街中段南侧，中间栽花植树，放置坐凳。周围有六个通道直通外部，处于全市文化、商业中心，附近有开明剧院、大光明影院、苏州书场、新艺剧院、人民商场及众多商店。

272 北局警钟楼　1913 年苏州警察厅建立消防队，队部就设在北局，并竖一警钟楼，作为瞭望塔。

273 国货公司　五卅运动之后，苏州各界"誓用国货，抵制仇货"声浪日益高涨，1931 年吴县县商会主席张寿鹏等发起筹建苏州国货商场股份有限公司。经过考察，国货公司基地定在北局，经与公安局协调，消防队迁到因果巷，腾出了空地。1934 年秋国货公司在北局开幕，轰动一时，成为苏浙两省的首创。

274 北局小公园　北局小公园开辟于1931年，位于观前街中段南侧，中间栽花植树，放置坐凳。

275 大光明电影院　1928年句容古董商陶寿荪在北局开办大光明电影院，放映无声电影和演出歌舞、滑稽戏。

276 苏州大戏院 1928 年上海美国影片商卢根在大光明电影院北侧建造苏州大戏院放映电影。1934 年大戏院由陶寿莃接盘，"苏州"和"大光明"从此成为姐妹电影院。

277 新苏旅社 1929 年 9 月北局新苏旅社落成开业，设客房 102 间。因地处观前闹市，客房常常爆满，声誉日高。图为建设中的新苏旅社。

278 庆祝中华人民共和国成立　苏州乐益女中学生在小公园集会，庆祝中华人民共和国成立。张寰和摄于 1949 年 10 月 1 日。

279 金融展览会　1951 年 11 月 5 日，苏州市私营企业生产经营改造展览会暨苏州市金融展览会在北局小公园开幕，有十万人参观。

280 人民商场 1949 年 9 月，国货公司改称苏州市第一人民商场，1956 年商场公私合营，定名公私合营苏州人民商场。摄于 20 世纪 50 年代。

281 新艺影剧院 1921 年中华基督教会青年会向本地各界募捐 4 万元，在北局建造基督教青年会。剧院原名苏州基督教青年会电影部，1950 年由苏州市文联接管，1972 年定名新艺影剧院。2000 年观前更新工程时拆迁。

282 苏州书场 1942 年创办，曾名中华书场，1955 年由政府接管并翻建改造，1956 年改名苏州书场，成为苏州最大的一家专业书场。1995 年进行改造后，取名苏州文化广场。

283 宣传文明 1981 年全国兴起"五讲四美三热爱"活动，"五讲"即讲文明、讲礼貌、讲卫生、讲秩序、讲道德，"四美"即语言美、心灵美、行为美、环境美，"三热爱"即热爱祖国、热爱社会主义制度、热爱中国共产党。图为开明影剧院前的宣传队伍。

上册

石 路 商 圈

石 路 商 圈

　　清咸丰年间太平军进攻苏州，清军纵火焚烧阊门一带街市，昔日繁华商市转眼成为废墟。光绪年间商市逐渐复兴。光绪二十一年（1895）签订《中日马关条约》后，苏州被列为通商口岸，盘门外觅渡桥设立了苏州关，地方官在沿河建造马路一条，光绪二十五年（1899）沿河马路建到阊门上塘街北侧和南濠街西侧的杨树里。从杨树里到上塘街渡僧桥原有一条小路，光绪二十五年（1899）就利用这条路修成了连接大马路的马路，用弹石铺就，"石路"由此得名。清末民初，阊门外石路地段商市是指"三路一街"，即大马路、横马路、石路和上塘街。其中大马路自火车站经广济桥、鸭蛋桥、义昌福向南折向爱河桥、胥门，至盘门外青旸地，横马路即今金门路。现在的石路商业区则包括阊胥路、金门路、石路环形地段，并包括广济路自广济桥至鸭蛋桥路段。

　　石路方位有"老石路"与"新石路"之区分。"老石路"是指杨树里（今金门路口）到上塘街渡僧桥这一段；"新石路"则是从义昌福菜馆经人民剧场转向永福桥边这一段，但其实这段路原来属于大马路，1966年之后才被称为石路。

284 大马路 大马路本来以阊门为终点，后因清光绪三十二年（1906）沪宁铁路苏州至上海段率先通车，大马路遂由阊门向火车站延伸。图为大马路阊门段街景，玉壶春、太康旅栈等商旅店家依稀可见。摄于光绪二十四年（1898）。

285 大马路 大马路南接觅渡桥洋关和各国租界，北通火车站，成为苏州城陆路大动脉。1912年石路地段已有各行各业商号320余户，茶馆、菜馆、旅馆、戏馆为数众多，另有美、英、法、日等国的洋行和公司10多家。摄于清光绪三十一年（1905）。

286 大马路 阊门外成为苏州交通枢纽后，金阊一带市面顿时繁盛，旅社业兴起。图为大马路广济桥堍街景，两侧商业建筑中西合璧，苏州饭店、大东旅社、东吴旅社、聚源馆饭店等楼宇鳞次栉比，分外壮观。摄于民国初年。

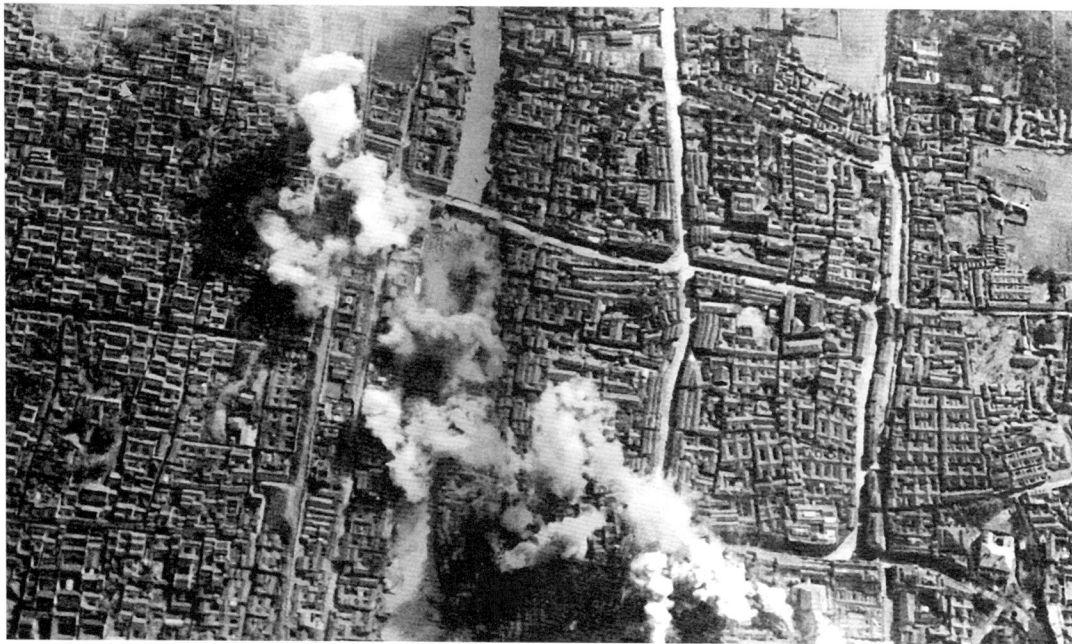

287 日机轰炸　1937 年 8 月 16 日至 10 月末，日机轰炸苏州 130 余次。图为日机轰炸阊门外石路地区和金门城内街巷时情景，爆炸起火处烟尘冲天。

288 石路被毁　石路被日机投掷的燃烧弹击中，大火持续三天三夜，石路地区遂成焦土，被毁商店、旅社、茶馆、戏院、饭店、浴室二三百家，民宅六七百户。摄于 1938 年。

289 游行队伍　1952 年 10 月 1 日，苏州市建筑工会所属机器锯木业委员会的队伍在石
　　路游行集会，庆祝中华人民共和国成立 3 周年。

290 石路 1 号　石路被日军炸毁后，商贾再次向观前一带转移，其后商市虽逐步恢复，
　　但比观前要稍逊一筹，因此有"第二商业中心"之称。图中为邻近大马路（阊胥路）
　　的石路 1 号公私合营大隆绸布商店。摄于 1957 年。

291 金门路 旧时称横马路，东起金门口，1931 年开金门时修路至永福桥。图中为金门路上的彩牌楼。摄于 1951 年。

292 欢送入伍　金阊区民兵师欢送基干民兵参军入伍，途经阊胥路新华电影院门前。摄于 1958 年。

293 苏州饭店旧址　清末沪宁铁路开通后，石路地区旅馆业兴盛。图中为民国初年在广济桥南堍西侧开办的苏州饭店旧址。摄于 1994 年。

294 苏州邮局 苏州邮电总局于清光绪二十三年（1897）始设于葑门外觅渡桥洋关，宣统二年（1910）迁阊门外鸭蛋桥堍，民国时期改为苏州一等邮局。中华人民共和国成立后成为阊门邮电支局，地处广济路28号。1999年石路地区改造时该建筑被拆除。

295 五洲旅社旧址 位于广济桥南堍，原名大东旅社，业主盛毓邮系清末邮传部大臣盛宣怀之孙，1918年10月开业。旅馆构筑豪华，设施先进。1972年更名为五洲旅社。1993年五洲旅社原有建筑拆除，重新建造五洲大饭店。

296 石路综合贸易市场 图为位于原石路商场至上塘街之间的石路综合贸易市场，摄于 1985 年。1999 年 9 月此地经过改造，被纳入石路市民广场。

297 石路商场 1958 年石路百货商店开业，后经改造，成为石路商场。图中正前方为南洋海鲜酒店，1997 年被拆除，1999 年在此建神仙街。摄于 1985 年。

298 石路俯瞰　图中左侧楼群中有义昌福菜馆、第二食品商店等知名企业，右侧则是石路商场。摄于 1985 年。1993 年起金阊区对石路老商业区进行大规模改造，拆旧更新，拆小并大，先后建成了多幢现代化商业大楼。

299 阊胥路　南洋海鲜城（今神仙街口）至沐泰山段街景。摄于 1995 年。

300 301 沐泰山堂

位于上塘街渡僧桥堍，创于清乾隆二十四年（1759）。上图为咸丰年间被战火毁后于同治年间重建的沐泰山药铺，下图为1985年翻建后的四层新楼。2011年石路地区改造时，该建筑又被拆除重建。

上册

火 车 站

火 车 站

　　清光绪三十二年（1906）五月，沪宁铁路至无锡段通车典礼在苏州站举行，苏州火车站正式启用。1929年沪宁铁路改称京沪铁路，1936年5月苏州站改称吴县站。苏州沦陷后，车站被日军"军管"，1938年苏州站改称"苏州驿"。抗日战争胜利后，站名复称吴县站。1946年3月京沪铁路复称沪宁线，又恢复称苏州站。中华人民共和国成立后，沪宁线隶属上海铁路局管辖，1950年2月上海铁路管理局转发铁道部核定苏州站为二等站。1979年4月25日苏州新火车站破土动工，1982年6月1日新站交付使用，上海铁路局批准苏州站升为一等站。2007年苏州站站房开始改造，2010年7月北站房及北广场投入使用，2013年2月和3月苏州站南站房和南广场先后投入使用。

302 火车通车 清光绪三十二年（1906）五月，沪宁铁路在苏州站举行通车典礼。

303 虎丘站 沪宁铁路初建时曾在虎丘设站，因该站与苏州站距离太近，后来撤销。摄于清光绪二十四年（1898）。

304 车站站台 苏州站初建时客运房屋面积205平方米，有站台两座、地道一处、货物仓库一座340平方米、雨棚174平方米。摄于清光绪二十四年（1898）。

305 车站外貌　清光绪三十二年（1906）五月，苏州火车站正式启用。外籍总工程师格林森宣称："规模除上海外，实为各处之冠。"

306 车站内景　时苏州站有候车大楼、南北两座站台、两条铁轨、水塔、值班房以及办公楼。

307 车站货场 火车站南沿运河，面对城墙，遥望北寺塔。图为火车站货场车辆调度情景，时平门尚未开辟，货物卸下后即由水路运走。

308 站前俯瞰 火车站月台和站前马路，以及护城河、驳岸、钱万里桥和车站周边建筑。摄于 1919 年。

309 车站站台 旅客进入站台候车，火车停靠，另有旅客在站台短暂逗留。摄于清代。

310 车站军警 火车即将进站，军警在月台上维持秩序。图片来自秦风老照片馆。摄于1920年。

311 候车室 1933年火车站增建东、西候车室，同时重建站台候车棚。

312 增设天桥 1915年火车站台增建横越轨道的人行天桥，旅客除经地道外，还可以从天桥到达对面站台。

313 车站被炸 1937年8月16日至10月末，日机轮番轰炸苏州，火车站遭到破坏。

314 车站修复 1940年8月火车站建筑修复，并于正门方厅增建一层，上设炮眼，成碉堡式。正厅两侧翻建两层楼房，站西新建平房一座。摄于1941年。

315 车站建设　中华人民共和国成立后对火车站逐年进行建设，1950 年 7 月新增问讯处、
广播室、母子候车室，1953 年新建零担货物仓库一座 247 平方米，1956 年到发线延
长至 850 米以上。

316 车站新貌　1958 年拆除火车站正厅东侧楼房，改建新客厅、候车室，两侧贵宾室加
高一层，并重建站前广场。经过整修，火车站面貌焕然一新。摄于 1959 年 10 月 1 日。

317 车站全景 重建后的站前广场开阔整洁，面积12138 平方米，场中心还用异色鹅卵石铺设"虎丘剑池"平面图。摄于1959 年。

318 "上海解放号" 1949 年 5 月，人民解放军指战员在苏州站登上"上海解放号"列车，开赴解放上海的战场。

319 儿童列车　中华人民共和国成立后政府关心青少年成长。图为苏州火车站举办的少年儿童专列启动仪式现场。顾东升摄于 1959 年。

320 车站货场　苏州站货运站台原先沿运河设在平门火车站前，图为火车站货场、仓库、码头场景。摄于 1983 年。1987 年 5 月，苏州站的货运业务全部迁至白洋湾苏州西站办理。

321 新建火车站　1976 年沪宁段复线建成，来往车次增多，火车站建筑陈旧，常处于超负荷状态，经铁道部批准，在原地新建苏州站。1979 年 4 月 25 日火车站破土动工，1982 年 6 月 1 日新站交付使用，中间为正厅，两侧为候车室，东接售票厅，西连办公楼。摄于 1993 年。

上 册

水 城 景 色

水 城 景 色

环古城河 / 姑苏水巷 / 山塘河 / 上塘河

苏州地处太湖水系，河道密布、河网交织。市区有小河流 293 千米（其中城内河道 35.28 千米）、大河流 49 千米，水域面积约 24 平方千米，约占市区面积 119.12 平方千米的 20.15%。主要入境河流有京杭大运河、胥江、元和塘，出境河流有京杭大运河、娄江（至和塘）、相门塘、葑门塘、人龙港（至吴县境内称西塘河）等。古城区围有城河，以 6 条进水河道、8 条出水河道与郊外河道连接，城内现存南北向河道 4 条、东西向河道 6 条。京杭大运河绕城而过，水乡风光与两岸繁荣商业、车水马龙交相辉映，构成了苏州这座东方水城最动人的景象。

环 古 城 河

　　当年伍子胥奉吴王之命构筑阖闾大城，宽阔的护城河围绕着长方形的城垣，已经走过了两千五百多个年头。全长约15千米、宽50~130米的护城河，在漫长的岁月里，不仅串联起阊门、胥门、盘门、葑门、相门、娄门、齐门、平门等城门城楼，还沟通了护城河两岸众多的桥梁和建筑，同时也是繁忙的水上运输通道。

322 清代吊桥　位于阊门外，跨外城河，宋《平江图》名虹桥，俗名钓桥。元泰定元年
　　（1324）初建木桥，明洪武初改为石桥基木梁，桥梁安放在老桥台及其基础上。摄
　　于清光绪二十六年（1900）。

323 民国吊桥　1934 年改建为钢筋混凝土石拱桥。

324 阊门送别　阊门号称"天下大码头"，图中市民聚集在运河两岸，送别前往苏北的干部和居民乘船离开家乡。摄于 1970 年。

325 聚龙桥　位于阊门北码头聚龙桥下塘，跨中市河，聚龙桥对岸的街巷名方基上。图中可见上塘河与渡僧古桥。摄于 1915 年。

326 五龙汇阊　阊门吊桥北开阔的水面，旧称沙盆潭。山塘河、上塘河、护城河北段和南段，以及通向城内的中市河，共有五条水系在此聚集。摄于 1980 年。

327 阊门码头 苏州自古即有"三关六码头"之称，如万人码头、太子码头、南码头、北码头、丹阳码头、猪行码头等。图左侧即阊门与金门之间的万人码头。摄于1930年。

328 万人码头 南浩街临河，北至吊桥，南至南新路，西至石路，东至城河。主要业态有客货运及轮船公司，以及水果商行、颜料行、烟纸栈房等。摄于1980年。

329 南新桥码头 南新桥建于1921年，初为木结构桥，1934年元旦新建为三孔钢筋混凝土桥梁。桥下客运码头是一幢砖木结构房屋，建于民国时期。1970年随着南门新站码头建成，南新桥码头停止使用。摄于1954年。

330 长船湾 南起胥门，北至金门口，原名南湾子，后因其地有修船作坊，遂改今名。图为位于长船湾7号的苏州造船厂职工欢送青年参军入伍情景，对岸即胥门外万年桥大街沿河。摄于1964年。

331 万年桥　清乾隆初在知府汪德馨倡劝和巡抚徐士林支持下建成，三拱。桥基与河中两墩由花岗岩砌成方形，上架木梁，取名万年桥，以喻永久，还在西堍建石牌坊，题额"三吴第一桥"。摄于 1932 年。

332 胥门城河　图中右侧为胥门码头，左侧是胥门城墙和胥江水厂水塔以及瑞光塔。摄于 1955 年。

333 334 万年桥　1936 年为利于车辆上下，改万年桥西坡石级为斜坡，同时拆除石牌坊。1952 年又改建为钢筋混凝土现浇连续梁桥。上图为万年桥北侧情景，摄于1993 年；下图为万年桥南侧情景，摄于 1980 年。2003 年拆除万年桥，利用原桥墩重建为三孔石拱桥。

335 姑胥桥　始名红旗桥，位于道前街西端，跨外城河，1970 年建，为钢筋混凝土梁桥，五孔，是苏州兴建的第一座大跨度桥梁。摄于 1980 年。

336 胥门码头　位于万年桥运河畔的胥门粮油交易市场码头。

337 盘门大街　吴门桥北盘门大街沿河街景，摄于清宣统二年（1910）。1927年苏纶纱厂业主严裕棠在这里建房150间，租给该厂职工居住，并为该地取名光裕里。

338 吴门桥西　盘门城墙西南角，右侧为客运码头，左侧为货运码头。远处依稀可见一条马路，那是从洋关觅渡桥至阊门的城外大马路，即今盘门路北段。摄于清光绪二十六年（1900）。

339 吴门桥东　远处是苏纶纱厂，清光绪二十一年（1895）集资筹建，官督商办，是苏州较早出现的近现代工业企业。摄于宣统二年（1910）。

340 吴门桥南　桥南是苏经丝厂，亦是清光绪二十一年（1895）集资筹建，官督商办，是苏州较早出现的近现代工业企业。摄于光绪三十一年（1905）。

341 盘门码头 清光绪二十二年（1896），日商大东新利洋行在盘门吴门桥建立轮船码头。图中为码头前停靠的轮船。摄于清光绪二十六年（1900）。

342 人民桥 跨外城河，建于1951年，是中华人民共和国成立后苏州建的第一座重要桥梁。摄于1955年。

343 人民桥重建　人民桥初建时通航孔低矮，1976 年成立人民桥改建工程指挥部，由城建部门主办施工，1977 年改建工程竣工。

344 城西南运河　位于人民桥西侧，夕阳下的运河水泛着金鳞，与瑞光塔影相互映衬，显得格外苍凉。摄于 1960 年。

345 城东南运河 洋关段运河,城河开阔,城墙蜿蜒,一叶孤帆,视野尽头建筑即为恒利丝厂。摄于民国初年。

346 觅渡桥南 觅渡桥始建于元,原名"灭渡",意为有此桥后即无需摆渡,明正统年间知府况钟重建。远远望去,桥左侧可以见到当年太平军所建运河城堡的一段城墙,桥右侧是建于清光绪二十二年(1896)的恒利丝厂。摄于清代。

347 公共租界　清光绪二十三年（1897），在青旸地日本租界东面开辟由中国管理的通商场（亦称各国租界或公共租界），将土地出租给外国商民。图中为公共租界外国人居留地建筑，背景即洋关附近的护城河与城墙。摄于宣统二年（1910）。

348 觅渡桥　单孔石拱桥，结构严密轻巧，古桥后面是建于 1975 年的觅渡公路桥。摄于 1980 年。

349 觅渡公路桥 1975 年在觅渡桥北侧约 100 米处，建造双曲拱水泥结构跨运河公路桥梁，运河两侧建筑系苏州面粉厂和沧浪造漆厂，2002 年环古城风貌工程实施时该桥被拆除，改在觅渡桥南侧另建公路桥梁。摄于 1985 年。

350 葑门桥 葑门城河老航道在安里桥下，因其狭窄，1969 年交通部门在葑门旧城河西侧，即十全街东端另辟新城河，并在葑门城门故址建双曲拱单孔桥梁。摄于 1971 年。

351 娄门城河　位于娄门城脚附近，河中帆影，船只往来，靠岸处排满了木筏。

352 齐门码头　位于齐门瓮城外，码头招牌上标有"育婴堂摆渡码头"和"黄埭庆记轮
　　船码头"等字样。摄于清代。

353 齐门城河　位于元和塘与城河交汇处，图中桥梁为南马路桥，旧时这里是苏州木材市场，河里汆满了木筏。摄于沦陷时期。

354 平门梅村桥　建于1929年，建桥费用捐助人为颜料商贝润荪之父贝梅村，因以名桥。摄于1985年平门桥梁重建之前。

姑 苏 水 巷

　　苏州城内河网交织，"处处楼台飘管吹，家家门前泊舟航"。明《吴中水利全书·苏州府水道总图》载：城内河流三横四直外，如经如纬者尚以百计，皆自西趋东，自北而南，历唐、宋、元不湮。苏州城市河道网，始作为排涝沟而凿，继而形成完整的供、排水系统，起着净化环境的重要作用。四通八达的水上交通脉络，构成市区的骨架与布局章法，制约道路、宫室与民宅的走向和方位；提水、隔火，利于消防；扩大空间，美化环境；调节气温，改善气候。在方便市民生活、发展城市经济及社会事业中起到了重要作用。

355 中市河　西自阊门外城河起，东至平门小河。图为西中市和阊门下塘街之间河景。
　　图载《格雷戈里的中国摄影集》。

356 平江河 胡厢使桥，位于曹胡徐巷东端，架于平江河，为石拱桥。《平江图》著录，清乾隆九年（1744）重修。摄于民国时期。

357 十全街河 十全街砖桥（今名百步桥）以东河景。图载《苏州旧住宅》。

358 张家桥河 平江路中张家巷河道，图载《苏州旧住宅》。1963年该河被填塞，桥梁被拆除。2005年开始恢复河道并重建桥梁。经过15年曲折，耗资2000万元，607米长的河道终于在2020年全线通水。

359 白塔子桥沿河 临顿路白塔子桥与花桥之间河景。图载《苏州旧住宅》。

360 葑门龙船嘴 葑门内城河与盛家带河交汇处，俗称龙船嘴，民国初期尚有居民居住，后居民迁走，此地与东吴大学融为一体。

361 水巷码头 水巷狭窄幽深，此处河道则稍显宽绰，并加筑驳岸，以便船只停靠。

362 沿河踏步　水巷人家后门，栏杆装饰，廊檐挑出，临河踏步径上，老妇正在淘米洗菜。摄于1962年。

363 水巷一角　街头小桥，民居傍水，老树新枝，光影映照粉墙，好一幅宁静安逸的水乡景色。摄于清代。

364 小日晖桥弄 阊胥路东侧小日晖桥弄河景。摄于 1995 年。

365 牌坊与桥 牌坊、小桥连接，河边妇人在洗衣。金石声摄于 1964 年。

366 驳岸踏步 狭长水巷里，家家临河都有踏步径，他们的生活与水紧密相连。摄于清光绪二十六年（1900）。

367 木筏与船 城里水巷本已很窄，还有许多木筏和船只擦肩而来。摄于 20 世纪 30 年代。

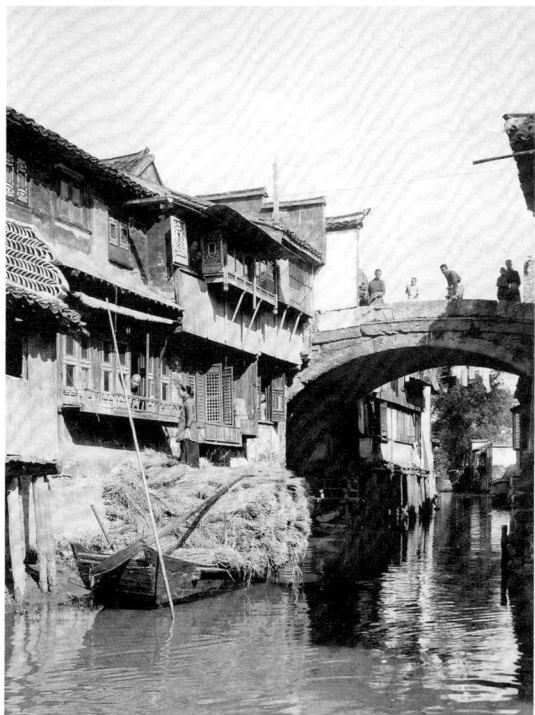

368 水巷景观集锦 图片依次为航船进城、穿越桥洞、购买稻草、临河晾衣。图载《格雷戈里的中国摄影集》。

山 塘 河

山塘河东起阊门，西至虎丘西山庙桥，长约3.5千米。河为唐代白居易任苏州刺史时发起开凿。沿河为山塘街，旧称白堤，两岸桃红柳绿，一派旖旎风光，为历代文人所咏叹。史载"吴人常时游虎丘，每于山塘泊舟耍乐，多不登山"。

369 通贵桥河景　通贵桥位于东杨安浜，横跨山塘河，明弘治初建，为拱形环洞石级桥。此段河面为山塘河经典景观。摄于 20 世纪 30 年代。

370 新民桥 火车站与石路间的要道,跨山塘河。建于1927年,为钢筋混凝土现浇梁板桥, 三孔,中孔距水面8米,两侧旱孔各3.5米。摄于1985年。

371 普济桥 位于山塘街西端,跨山塘河。清康熙四十九年(1710),于桥西南建普济堂, 因堂而名普济桥,为三孔石拱桥。图载《格雷戈里的中国摄影集》。

372 虎丘山门前　虎丘望山桥东河景。图中可见虎丘山门前临河踏步石级以及对岸照墙。
　　金石声摄于 1958 年。

373 虎丘老街临河　山塘街望山桥以西，又称虎丘老街。图为老街临河景色，视野尽头
　　隐约可见西山庙桥桥墩。金石声摄于 1958 年。

374 吴门归棹 这是郎静山于 1933 年在虎丘望山桥拍摄的作品，取名"吴门归棹"。郎静山（1892—1995），浙江兰溪游埠镇里郎村人，生于江苏淮阴，是中国最早的摄影师，在世界摄坛上独树一帜。

上 塘 河

　　上塘河枫桥至阊门段河道，明清时称十里枫桥塘，两岸为繁华商市。南岸称上塘街，交易米、麦、豆；北岸则经营布、绸和工艺品。上塘河自古以来为京杭大运河主航道，清咸丰年间毁于兵火，废墟填塞，河道变窄，运河主要航道从此改为胥江。但阊门经济发达，人流稠密，上塘河两岸建筑鳞次栉比，其水巷风貌独特，特别是广济桥至上津桥段河景，堪称经典。

375 探桥西侧　探桥位于北童梓门，跨中市河，明洪武年间筑月城时建，清嘉庆二十年（1815）重修。图为探桥西侧桥景，远处可见阊门水城门。摄于民国时期。

376 探桥东侧 从阊门水城门方向观望探桥，临河都是吊脚楼民居，1966 年改建为钢筋混凝土平桥。摄于民国时期。

377 渡僧桥上 小伙子骑自行车匆匆路过渡僧桥，桥下上塘河景尽入眼帘。摄于 20 世纪 70 年代。

378 379 渡僧桥　位于阊门上塘河口，原为石级拱桥，1966 年改建为钢筋混凝土板梁平桥。桥畔沐泰山堂药铺楼层还不是很高，上图摄于 1980 年；下图桥梁依旧，但桥畔沐泰山堂药铺已于 1983 年重建为五层新楼，摄于 1993 年。

380 381 广济桥西　　江南运河在枫桥分流后的一支称上塘河，经下津桥、上津桥、广济桥进入护城河。明清时枫桥至阊门河道水面甚阔，芙蓉夹岸，故名芙蓉塘。清咸丰年间两岸建筑毁于兵火，后虽陆续恢复，但河道已变窄。上图右岸尚存空地未建设，下图右岸那片空地已在建设之中。两图均摄于 20 世纪 20 年代。

382 383 广济桥西 上塘河阊门至枫桥，明清时称十里枫桥塘，两岸为繁华商市。南岸称上塘街，交易米、麦、豆；北岸则经营布、绸和工艺品。此处建筑为太平天国战争毁后重建。上图摄于 20 世纪 30 年代，下图摄于 20 世纪 40 年代。

384 广济桥东　上塘河广济桥东至渡僧桥段是苏州水巷著名景观。摄于 1964 年。

385 广济桥东　上塘河广济桥东至渡僧桥中段河景。摄于 20 世纪 30 年代。

386 广济桥东 上塘河广济桥东至渡僧桥中段河景，视野尽头即渡僧桥与沐泰山堂药铺。
摄于 20 世纪 70 年代。

387 上津桥 上津桥河景，桥洞中可窥见广济桥。摄于 20 世纪 80 年代。

上册

运 河 风 光

运 河 风 光

　　江南运河曾称运粮河，是京杭大运河的江南段。运河经无锡从西北流入，在白洋湾附近分为两支：一支经枫桥、横塘、泰让桥、觅渡桥出市区，过宝带桥，南下入吴江，在盛泽镇东南苏浙两省交界处的王江泾入浙境，这是大运河的主流；另一支从白洋湾经山塘河到达阊门，汇入护城河，护城河北面之水至齐门沟通元和塘，经坝基桥沟通娄江。大运河在苏州境内分三段：一为苏锡运河段，西起苏锡两市交界的吴县望亭沙墩港，东至苏州城西铁铃关，长约18千米。二为苏州城区市河段，自铁铃关至城东南宝带桥北堍，长14.02千米。这段运河因市区的发展变化，已多次改道。1955年前，经铁铃关后，折东循上塘河流入阊门与城河汇合，再经胥门、盘门、南门出觅渡桥至宝带桥。1958年后，苏州市和吴县实施彩云桥、枫桥航道急弯改善工程，运河过铁铃关后直线南下至横塘，再循胥江过泰让桥进入城河。1985年，苏州市规划整治运河，市河段过横塘镇市河后，折东经新郭镇北侧、五龙桥南侧入澹台湖至宝带桥北堍与苏嘉运河段连接。三为苏嘉运河段，自宝带桥经王江泾入浙江嘉兴境。1980年后，运河在吴江平望镇南取道澜溪塘于油车墩进入浙江乌镇市河，向南直趋杭州。

388 望亭镇　三国时孙坚于此建亭，称御亭，隋朝置御亭驿，唐改为望亭，北宋设望亭镇。老街沿运河而建，商店集中在南岸上塘。图为望亭桥及沿河菜市场。摄于 1930 年。

389 浒墅关　明宣德四年（1429），户部设钞关于此，浒墅成为全国七大钞关之一，是江南运河沿岸的商品集散地。1929 年对杭州至镇江段运河进行疏浚。图为浒墅关运河疏浚场面。

223

390 白洋湾 江南运河进入苏州境内，在白洋湾分流成第一支，向东南方向流至虎丘，再经山塘河进入市区。此段河面平静开阔，虎丘山遥遥相望。摄于 1938 年。

391 元和塘 俗称常熟塘，唐元和四年（809）修浚，自齐门至常熟，是阳澄地区南北向排水河流，也是水路交通要道。摄于齐门外。

392 北马路桥　　白洋湾经山塘河到达阊门，汇入护城河，北至齐门沟通元和塘，再经坝基桥进入娄江。图为齐门外元和塘北马路桥。法国杜德威·皮特摄于清光绪二十七年（1901）。

393 南马路桥　　位于齐门外大街南端，元和塘与苏州外城河交汇处，明宣德年间改木桥为石桥，清同治六年（1867）修为单孔石拱桥。摄于 20 世纪 80 年代。

394 娄江 娄江流经外跨塘、唯亭，经昆山正仪、玉山镇，入太仓境，称浏河，至浏河口入长江，全长 53 千米。图为跨娄江的永宁桥，位于娄门外。摄于 1938 年。

395 胥江上游 伍子胥筑阖闾城，引太湖水入城，是为胥江。西起胥口，经木渎、西跨塘、横塘后进入市区，与江南运河相接后，沿枣市街在泰让桥与护城河汇合，长 16.6 千米。图为木渎段胥江情景。摄于 20 世纪 50 年代。

396 胥江下游　胥江经过横塘后进入枣市街河段，两岸建筑成片，民居相连。摄于清宣统二年（1910）。

397 胥江入口　胥江与护城河交汇处，对岸即胥门城墙与接官厅。摄于1970年。

398 胥江两岸 右为枣市街，河中运输船徐徐而来，沿岸停靠着不少大型船只。2002 年以后为保护古城，运输船已不允许进入胥江和护城河。摄于 1995 年。

399 大日晖桥 跨胥江入外城河口，南连皇亭街，北接万年桥大街，是胥江上东起第一桥。宋代称胥门桥，清顺治十一年（1654）重建，单孔石拱桥。1959 年为改善泰让桥下游航道，将位于"喇叭口"的石拱单孔大日晖桥拆除。

400 泰让桥 跨胥江，南接盘门路，北连阊胥路，清光绪末筑大马路时建造，民间称之为大洋桥，后以谐音名为泰让桥，以寓纪念泰伯让王之意。摄于 1982 年。

401 枣市桥 位于枣市街西，南北横跨胥江。清代为三孔石拱桥。摄于清宣统二年（1910）。

402 枣市新桥 1981 年枣市古桥因妨碍航道被拆除，改建为钢架拱桥，宽 5.8 米，长 56.4 米，单孔，跨度 40 米。

403 兴龙桥 位于吴门桥东,跨大龙港,民间称兴隆桥。宋代称堰桥,木构,清道光二十三年(1843)重建为石拱桥。两坡原系石级,1929年改建裕棠桥时行人绕道经此,遂改成弹石斜坡。日本金丸健二摄于1920年,图载《老照片·长江旧影(1920)》。

404 五龙桥 位于长桥镇龙桥镇西,跨大龙港,为五孔石拱桥。宋淳熙年间薛元鼎建,明弘治十一年(1498)重建,清顺治、同治年间又两次重建。

405 龙桥镇 位于长桥镇北 2.5 千米，清后期建五龙桥镇，镇以桥名。镇上有地货行、鲜鱼行、米店、香烛店、建材商店及理发店等店铺。摄于清代。

406 五龙桥与澹台湖 中华人民共和国成立初龙桥镇为枫桥区龙桥乡政府所在地，一度划为苏州市郊区，1957 年划归吴县。图为长桥公社社员在澹台湖里采菱。摄于 1960 年。

407 枫桥　位于枫桥古镇寒山寺旁，这里是古代水陆交通要道，官方设卡护粮。每当漕粮北运经此，就封锁河道，遂名封桥。自唐张继作《枫桥夜泊》诗后，以今名远播四方。桥东坡落于铁铃关拱门内。

408 枫桥老街　枫桥街区除寒山寺外，还有枫桥大街和寒山寺弄，图中为寒山寺弄临河民居。

409 江村桥 位于寒山寺前，清康熙四十五年（1706）重建，单孔石拱桥。摄于 1923 年。

410 江村桥畔　江村桥西侧原是枫桥镇江心洲村庄的一片田野。图为 1962 年由谢铁骊执导的电影《早春二月》拍摄时，主演孙道临路过此地的镜头。

411 枫桥航道改善　1955 年枫桥航道改道，自枫桥兵营操场起，经江村桥西侧，直线向南征挖农地 53.5 亩，拆瓦房 6 间、草房 20 间，新开航道 800 米。图为位于枫桥江心洲西侧的新开航道。

412 枫桥镇航拍 自枫桥航道改善工程竣工通航后，运河来往船只不再经过寒山寺前，均穿越新开航道。图中可见枫桥、江村桥、枫镇桥，以及寒山寺、镇区老街、江心洲村落。摄于 1997 年。

413 414 彩云桥　位于横塘镇北街梢，跨京杭大运河，建于 1922 年。三孔石拱桥，桥孔中有纤道，两端引桥均循道路转弯，建筑颇具特色。上图为彩云桥横跨大运河镜头；下图为大运河在彩云桥处与胥江运河交汇，两条河流均清晰可见。摄于 1980 年。

415 彩云桥转向　为拓宽该段运河，1991 年 12 月至 1992 年 6 月，该桥就近转向，迁建在离原桥址 50 米处的胥江运河上，保持了原桥的风貌，并与桥畔的驿站组成独特的水乡景观。摄于 1994 年。

416 横塘古镇　隋开皇十一年（591），苏州郡邑迁移至横山东（横塘镇东南），立新郭，横塘镇成为当时苏州城外的文化商业重镇。

417 普福桥　又名亭子桥，原址在横塘镇，跨大运河，连接东、西街，三孔石拱桥，桥顶建有亭子。摄于 1965 年。

418 晋源桥　位于横塘镇苏福路，跨大运河。原名觐光桥，清高宗南巡时所建，后毁于太平天国战争。1933 年由沪商张晋源独资兴建。摄于民国时期。

419 晋源桥南望　远处为上方山，临河建筑即位于横塘镇南的苏州市日用瓷厂。河流为北越来溪，此段运河于 1985 年经过整治成为京杭大运河主航道，经新郭镇北侧，向东入澹台湖，至宝带桥与苏嘉运河连接。摄于 1970 年。

420 421 木渎敌楼　　位于木渎镇东市梢胥江畔，明嘉靖三十六年（1557）为抵御倭寇而建。1957 年敌楼被拆除。上图摄于清代，下图摄于拆除之前。

422 尹山桥　位于郭巷尹山村南大运河上，明天顺六年（1462）重建，为单孔石拱桥，
1981 年建公路桥后此桥被拆除。

423 宝带桥　在城东南，原吴县境内，傍京杭大运河，跨澹台湖，始建于唐元和十一年
（816）。相传，由唐刺史王仲舒捐玉带助资建造，故名。宋绍定五年（1232）重建，
明正统年间重修。

424 宝带桥被毁　清同治二年（1863）镇压太平军的洋枪队统领英国人戈登下令拆去第九孔，结果北端 26 孔连锁反应崩塌。瑞士阿道夫·克莱尔摄。

425 宝带桥被炸　1937 年"八一三"淞沪抗战爆发，日军飞机炸毁宝带桥南端数孔。

426 宝带公路桥　1933 年苏嘉公路建设时建造，时为木桥，1976 年重建为钢筋混凝土桥梁。摄于民国时期。

241

427 九里石塘　位于吴江松陵镇南，始建于唐代，原为土堤，两宋期间几次增石修治，元代至正年间复以巨石重筑，故亦称至正石塘，是京杭大运河知名的古纤道。

428 吴江运河　亦称苏嘉运河，自宝带桥经王江泾入浙江嘉兴境，1980 年后运河在吴江平望镇南取道澜溪塘于油车墩进入浙江乌镇市河，向南直趋杭州。

429 阳山运河　阳山绵延于浒墅关和通安、东渚三镇境域，主峰箭阙峰海拔 338.2 米，为苏州境内第二高峰。相传秦始皇在此射箭，箭镞啮岩，故名。图为阳山山麓蜿蜒曲折的浒墅关至光福的运河。顾公硕摄于 20 世纪 50 年代。

附：船舶

远在春秋时期，吴国的船舶就已名闻天下，有楼船、戈船、桥船、舫船、馀艎等各种类型的船舶。旧时在乡镇间，凡迎娶、赛会、农商皆赖舟楫往返，农户与商肆也都有船。清代画家所绘的《盛世滋生图》和《金阊舟挤图》都如实地反映出苏州阊门、胥门一带舟楫如云的繁华景象。

木船种类繁多，往返苏州的民船大体有画舫、灯船、快船、渔船、西樟船、驳船及航船、摆渡船等30多种，尤其是通达四乡八镇的航船，载客运货，捎带书信，沟通城乡往来服务，有定期航线的航班船成为江南水乡水上交通的一大特色。

木帆船起源甚早，种类繁多，用途极广，在各个历史时期，由于地域不同，水流各异，船的种类也不相同。原太湖公社的七桅大渔船，便是太湖淡水捕捞中最大的一种渔船，相传这种渔船系南宋岳家军战船演变而来。

430 小渔船　渔船有许多种类，根据其用途有不同称呼。凡畜鸬鹚以取鱼的叫放鸟船，用鸣榔击之明夜火引鱼自跃的叫尖网船，提螺蚬的叫扒螺蛳船。图中为用竹篙撑的小渔船，船上堆放着浅水区捕鱼用的竹编罩具。顾公硕摄。

431 桨船 凡不用橹楫而用桨的为桨船。乡人采莲、采菱皆用此船。其广不一橹，往来以一桨相荡，故又称为划楫。摄于 1926 年。

432 扒螺蛳船 用竹制工具和网兜在河里扒螺蛳、捉蚬子。抗日战争时期摄于平门。

433 横塘运河竹筏　横塘为城西水陆要津，水上运输繁忙，形式多样。图为古镇运河北
端的连排竹筏撑运情景。

434 435 挂桨机船

木船或水泥船装上柴油发动机，人们称之为挂机船或机帆船。1969 年吴县通用机械厂和望亭农机厂试制船用挂机获得成功，1973 年起批量生产，至此挂机船成为苏州农村水上运输的主要工具。上图为运输途中为避免船只相撞，船工在努力撑篙避让；下图中为可拖带 3~4 条农船、人称"水上列车"的机动船。

436 水泥船　中华人民共和国成立后由于木船原材料供应紧张，各地开始制造水泥船。
图为光福船厂生产的农用水泥船。

437 画船 又称灯船，装饰华丽，舱房精美，比快船大，中舱可容纳三四十人，专供游览宴会之用。

438 画舫船菜 供游览、迎亲、搬家、烧香等使用，可乘坐二十余人，船艄有厨房，中舱有桌椅，可摆两桌酒席，谓之船菜，用两支橹摇。摄于石湖行春桥畔。

439 440 龙舟竞渡　相传为纪念伍子胥而起，清代盛时山塘河中船只密如鱼鳞，昼夜灯烛不熄；同治年间在葑门外黄天荡也曾有过此活动。两图均为民国时期举行龙舟赛的情形。

441 木帆船　苏州内河木帆船水运历史，可追溯至春秋时期的吴船。唐宋以后，木帆船成为载货和搭客的重要交通运输工具。直至清末民初，水上客货运输全赖木帆船，其种类繁多，用途广泛。载货物之船大者，也称装船。

442 渔船　渔民以船为家，舱内有生活起居设施。

443 小型帆船　农船上装了简易的风帆以便运载货物。摄于苏州城河。

444 太湖渔船系列　太湖渔民以船为家，渔船大小不等，有二桅、三桅、五桅、六桅、七桅。六桅船，船长八丈四五尺，面梁阔一丈五六尺，中间立三大桅，船头桅一，船艄桅二。不能停岸不能入港，篙橹不能撑摇，而专等候暴风行船。其捕鱼联四船为一带，两船牵大绳前驱，两船牵网随之。常在太湖西北水深处，其住泊亦无定所，止则下锚湖中，三大桅也常竖不眠。七桅的大渔船，船长二十五米，宽五米，载重六十吨，是太湖淡水捕捞中最大的一种渔船，六级顺风时时速可达二十千米。两舷披水板各两块，即使逆风，也能"之"字形地向前行驶。

445 摆渡 吴门桥畔利用农船接送附近工厂工人上下班。摄于清代。

446 摆渡船 摆渡船底方而平,其行最稳。苏州有许多渡口,分布在环城四周和京杭大运河沿线,至 1963 年有渡口十三处。

447 机动摆渡船 位于阊门西北四摆渡的机动摆渡船，每天行人流量一千多人次，由苏州市航运公司经营。摄于 1980 年。

448 航船 载客及寄书带货往来于近处各城市或乡镇，称为航船。开航前或吹海螺，或鸣镗锣，催客上船，故又称镗锣船。船上有棚，舱内两边装有坐板供乘客坐，行船时除使用风帆外，还有两支橹。摄于清宣统二年（1910）。

449 轮船 专门拖带客船或货船的内燃机轮船。

450 客运拖船 由轮船拖带的客运拖船。

451 苏杭班客船 苏杭客运航线自开辟至今已有近百年历史，是苏州客运航线中最古老
的航线之一，自 1978 年开始，从正常的旅客运输航线转变为旅游运输专线。图为
停泊在南门轮船码头的苏杭班客船。摄于 1980 年。

452 运输船队 自古以来，苏州段就是京杭大运河的主要航道。图中为夕阳下的轮船和轮船拖带着的运输船队，远处是郊外的山影和瑞光塔影。

上册

乡 土 风 物

乡 土 风 物

历史上的江南和苏州人，有一个显著的特点，那就是特别吃苦耐劳。明代弘治《吴江志》中说道，"四民之中，唯农为最劳，而吴农又劳中之劳也"。意思是说，在古代士、农、工、商四种职业中，唯有农民最辛苦，而在农民之中，又数吴地农民最辛苦。这是因为吴地农民耕种的是湿地水田，种植的是水稻和水生作物，一年四季，不知要比旱地劳动辛苦多少。况且吴地人多地少，又是朝廷的漕粮之都和税赋重地，人们只有拼命地劳作。这些都还不算，吴地人除了耕种稻麦，还要养殖畜禽湖鲜，还要种植许多经济作物，比如棉花、油菜、茶叶、蔬菜以及四时瓜果和水中八鲜等等。除此之外，他们还要从事其他各种劳动，比如种桑养蚕、缫丝刺绣、植棉纺纱、织布染练、烧窑制砖、开山采石、建筑、雕刻、编结等等。生活在这片土地上的人们，就是凭着吃苦耐劳，呕心沥血，才创造出了举世闻名的锦绣江南和天堂苏州。

453 小桥流水人家　　江南水乡古镇的经典画面：古桥两侧，沿街商业店铺相接，沿河民居屋宇相连，小镇方圆颇广，人家众多，只是街上略显冷落。瑞士阿道夫·克莱尔摄于清代。

454 陆巷古村 远处是延绵的青山树影，近处是高耸的楼阁山墙，这就是位于太湖岸边的古老村落陆巷老街。摄于20世纪50年代。

455 绸乡震泽 地处吴江东南，苏浙两省交界处，古称吴头越尾。当地人自古以来种桑养蚕缫丝，是著名的丝绸之乡。运河边矗立着慈云宝塔。摄于民国时期。

456 城外村落　位于苏州城西，村庄临河，建筑规整，屋宇高耸处即为村中庙宇。顾公硕摄于 20 世纪 50 年代。

457 千墩古镇　位于昆山，原名千墩，1966 年更名为千灯，是明末清初著名思想家顾炎武的故乡。图载《格雷戈里的中国摄影集》。

458 光福山野　光福地僻幽静，山环水抱，素有"湖光山色，洞天福地"之美誉。图中为光福龟山，一名塔山，山麓光福寺创建于梁大同年间，山巅历经一千四百余年的舍利方塔至今巍然屹立。摄于 1960 年。

459 临河小镇　沿河民居参差不齐、高低错落，各种房屋装修也显得杂乱无章，却处处
　　充满了生活气息。摄于 1920 年。

460 乡镇水巷　典型的江南水乡集镇，水巷贯穿镇区，两岸民居高低错落。摄于清宣统
　　二年（1910）。

461 上塘下塘　水乡古镇沿河大都有上塘和下塘两条老街，上塘多为商铺店面，下塘则为居家生活处。摄于 1920 年。

462 陆墓老街　陆墓古镇南桥，东西桥堍各设有南北两个引桥踏步，四个入口，供行人上下，此景十分难得。桥下张着小帆的客船正在向码头靠拢。摄于民国时期。

463 西津桥镇 位于何山北麓，清代形成集镇，镇以桥名。1958年起为枫桥人民公社驻地，镇区老街沿津桥河两岸延伸，20世纪60年代逐步向东开辟新区。图为西津桥老街。摄于1996年。

464 黄天荡 位于葑门外，东南与独墅湖、东北与金鸡湖毗邻，是个内荡湖泊。1966年开始围湖造田，1974年苏州市又发动十余万人围垦，至此黄天荡永远消失。图为黄天荡畔渔村。摄于1961年。

465 水乡人家 河渠绕屋，树影竹篱，门前场地柴草堆积，独木桥畔有犬在张望。图载《格雷戈里的中国摄影集》。

466 收获季节 茅房一间，芦苇编成墙；砖屋一间，木构作门窗。门前场地堆积了收割的稻谷，村民忙着掼稻脱粒。图载《格雷戈里的中国摄影集》。

467 吴地农舍　砖墙瓦房，中间是宽敞的客堂，两侧都是卧间，窗大的是房主人的房间，窗小的是晚辈的房间。门前场地架起的竹匾上，正在晾晒东西。英国唐纳德·曼尼摄。

468 茅草房屋　苏州农村旧时多茅草房屋，这户农家有两间，正屋是砖墙草顶，副房灶间则上下都用稻草所盖。门前老人抽着水烟，与身边少年一样，都好奇地盯住眼前拍照的这位外国人。英国唐纳德·曼尼摄。

469 渔民村落　苏州城外河流纵横，湖泊众多。不少渔民原先居无定所，生活起居大都
依赖渔船，但时间长了，他们也会在沿河地段构筑草棚，上岸定居。摄于 1924 年。

470 插秧季节　旧时江南农村，应数妇女最辛苦，不仅要生儿育女、操劳家务，还得下
地干活，特别在插秧季节大都也是妇女在水田里劳作。摄于 1926 年。

471 山下田野　昆山马鞍山下开阔的农田里，农妇正在插秧，山巅是华藏古寺和凌霄塔。
图载《格雷戈里的中国摄影集》。

472 踏水车 江南农田灌溉都依靠龙骨水车。图为插秧之后，农夫们正忙着脚踏车水。
金石声摄于 1932 年。

473 轧稻筛谷 脱粒筛谷的场景：右侧是一台人力轧稻机，还有一台稻床，用以掼稻脱
粒。中间支起的木棍，用来系竹匾，晃动竹匾以将谷中的小石子和杂物筛除。英国
唐纳德·曼尼摄。

474 甩稻打谷 人工甩（掼）稻，用以脱粒。图载《格雷戈里的中国摄影集》。

475 渔家姑娘 旧时渔民常常以船为家，渔家姑娘正站在船艄注视岸上。图载《格雷戈里的中国摄影集》。

476 罱河泥　吴县境内明代便有"沟港内乘船以竹夹取青泥"的记载。20世纪六七十年代大面积种植双季稻，用肥量剧增，罱泥积肥盛极一时。随着化肥普及，至80年代河泥沃田已无人问津。

477 捞水草　吴县湖荡密布，河港众多，种植水生绿肥得天独厚。中华人民共和国成立后，苏州农村经常组织进行水面绿化，种植水花生、水浮莲、水葫芦，用以喂猪和沤制肥田，后因大量使用化肥，至1987年后这些水生作物已荡然无存。摄于20世纪60年代。

478 西宿运稻　昆山千墩镇西宿乡是农业发展的先进典型，1954 年农业合作化时期，仅用了三十天就办成了十个农业合作社。1955 年中共苏州地委和昆山县委为此联合写了《这个乡两年就合作化》一文，此文后被收录进《中国农村的社会主义高潮》。毛泽东主席为该文加了按语，指出："群众中蕴藏了一种极大的社会主义积极性。"称赞西宿乡"这里不是三年合作化，而是两年就合作化了。这里不是老解放区，是一个千真万确的晚解放区，这个晚解放区，走到许多老解放区的前面去了"。图为西宿乡丰收后运送稻谷的场景。摄于 20 世纪 70 年代。

479 插秧时节　苏州城北旧有娄葑公社（乡）所属的官渎、梅巷、新北、北园等村庄。图为郊区农民在平门外的农田里插秧。摄于20世纪70年代。

480 双抢时节　每年七、八月份是农忙双抢季节，既要忙着收割早稻，同时还要加紧种植晚稻，以免耽搁农时。大家起早贪黑，分秒必争。图中田地，一半是插秧场景，一半是收割场景，江南农村的艰辛由此可见一斑。摄于20世纪70年代。

481 植物保护 水稻虫害有稻蝗、螟虫、稻飞虱等，病害有纹枯病、穗颈稻瘟等；麦类虫害有麦蚜虫、蝼蛄等，病害有黑穗病、赤霉病、锈病等。图为田间喷洒农药场景。

482 水稻收割 灵岩山下农田村落正值水稻收割季节。摄于 1961 年。

483 横塘打谷场 电动脱粒机脱粒，竹匾筛秸秆草屑，谷堆堆满场，四周为稻草垛，远
处即为上方山。1961 年摄于横塘公社。

484 农村姑娘劳动场景　四图分别为除虫打药、坐盆采菱、编结绒线、放鹅归来。

485 收新茧　吴县越溪公社蚕茧又获丰收，社员们正采收新茧。摄于20世纪70年代。

486 摘棉花　苏州沿江地区地势高，元末明初以后，太仓、常熟等地成为重点产棉区。摄于20世纪50年代。

487 螃蟹收购 中华绒螯蟹俗称大闸蟹，以阳澄湖产的最为知名，青背白肚，金爪硬朗，素有"蟹中之王"的美誉。摄于 20 世纪 50 年代。

488 东山采橘 自唐以后，苏州东山便出产柑橘，中华人民共和国成立后因其经济效益较高，果农竞相扩种，其中以料红橘栽培尤多。摄于 20 世纪 80 年代。

489 太湖渔民 由于政策兑现，经济繁荣，渔民生活安定，像这样和美的小家庭在太湖新渔民村随处可见。摄于 1980 年。

490 母女摇船 吴县胜浦姑娘缪惠芬是个饲养能手，一个人养了两千只生蛋鸭，成为队里有名的万元户。图为她和母亲摇船进城赶集场景。摄于 1980 年。

491 送子参军　吴县黄埭琳桥乡欢送适龄青年参军入伍。摄于 20 世纪 50 年代。

492 "海鸥"进农家　农村经济日益发展，给吴县胜浦乡农民带来了丰富的精神生活。图为村民手持"海鸥"牌相机拍照。摄于 20 世纪 80 年代。

493 文艺演出　苏州市农村文化工作队在郊区横塘乡进行文艺宣传演出。顾东升摄于1963年。

上册

人 物 印 象

人物印象

　　摄影技术发明之后，人们的生活细节被记录下来，成为珍贵的岁月记忆。本篇记录的正是百多年来苏州城乡各种人群的生活，有清末和民国时期的逛街购物、朝山进香、坐轿出行、街头匠人、饮食摊贩、相面算命、私塾先生、电影拍摄、工商业者、文人士绅等，还有中华人民共和国成立后的青少年活动、老年生活、工厂车间、商业营销、服务行业、礼佛念经、文化娱乐、先进劳模、文化人士、专家学者等。从这些画面中，人们能够体会到历史的沧桑和社会的多彩！

494 乡村一角 山前小镇，几位身穿大襟棉袍的村妇正在逛街，一路东张西望，看着老
街两侧的摊点和店铺。英国唐纳德·曼尼摄。

495 孩童群聚 一群孩子好奇地聚集在店铺门前，看着镜头在笑，分不清到底为啥笑。
英国唐纳德·曼尼摄。

496 村妇赶集　一群身穿簇新大襟布衫、头梳发髻的村妇，一齐涌到了店铺门前。英国唐纳德·曼尼摄。

497 买篮子　姐弟俩想要购买竹篮，摊主正在向他们进行介绍。英国唐纳德·曼尼摄。

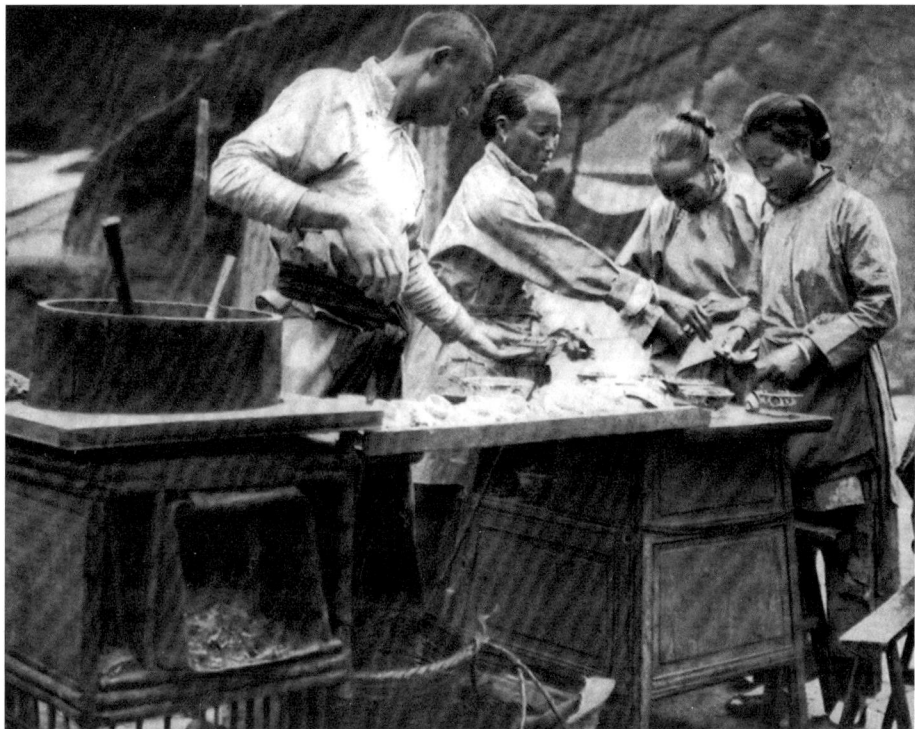

498 饮食摊　早点摊头前，两位妇人在掏钱，伙计已将食品端了上来。英国唐纳德·曼尼摄。

499 朝山进香　老太太去寺庙进香，虽然挂着拐杖，身板却很硬朗。英国唐纳德·曼尼摄。

500 轿夫赶路　在交通不发达的年代，出门坐轿成为一些人方便舒适的选择。图中轿夫
　　　　肩负轿杠，步履匆匆，气喘吁吁。英国唐纳德·曼尼摄。

501 野外竹轿　轿子在用材上有木、竹、藤之分，山路行走一般用竹轿。图为尼姑庵师
　　　　太坐轿情形。金石声摄于 1947 年。

502 洋人进村 近现代以后，江南地区与海外的联系较多，不时会有外国传教士、摄影师、旅游者前来寻访，他们将好奇的目光对准了这片神秘的土地。

503 寺庙门前 苏州知名古刹众多，一些并不为人所知晓的寺庵遍布城乡。

504 传教士　外国传教士考察因清末战争坍塌了的北寺大雄宝殿遗址上的张士诚纪功碑，边上挤满了前来观看的市民。摄于民国初年。

505 电影拍摄　灵岩山下，某电影制片厂正在拍摄外景。黄笃初摄于 1934 年 5 月 28 日，图载《江南旧影》。

506 骆驼担　江南地区一种两头高耸形似骆驼峰的小吃担，其品种繁多，有鲜肉小馄饨、糯米汤圆、桂花糖芋艿、糖粥等。图载《格雷戈里的中国摄影集》。

507 女鞋匠　过去修鞋匠挑着担子穿街走巷十分普遍，然而妇女修鞋匠却是少见。图载《格雷戈里的中国摄影集》。

508 修补雨伞　修伞匠走街串巷帮人修伞，长长的辫子缠在头顶，与
　　　　人相望，微微一笑，让人久久难忘。摄于 1921 年。

509 手工纺纱　老妇将弹好的棉花搓成条状，摇动纺机，抽拉出纱线，
　　　　然后就可以拿去织布。摄于 1921 年。

510 摸骨论相　旧时一种相面推算术，通过摸看头骨和手相、面相，预测个人吉凶，评判其禀性和命运，属于迷信职业。图载《格雷戈里的中国摄影集》。

511 算命先生　旧时通过人的生辰八字、面相、手相、地理风水等，预测其命运的一种职业，属于迷信职业。图载《格雷戈里的中国摄影集》。

512 孵茶馆　　泡一壶清茶，拉几位好友，一起在茶馆里闲聊消遣，这是从前许多苏州人喜欢的一种生活。瑞典安特生摄。

513 看西洋镜　　一种暗箱，可以观看放大画面，因最初看到的画片都是西洋画，故名。图载《格雷戈里的中国摄影集》。

514 香烛摊 寺庙门口一般都设有香烛摊，提供香、蜡烛、锡箔等祭祀用品，以方便香客和游人。图载《格雷戈里的中国摄影集》。

515 私塾先生 上了年纪的私塾先生在书房里辅导学生。金石声摄于 1930 年。

516 小吃铺　锅碗瓢盆，满地柴火。店主一手拿菜刀，一手取食材，小吃店里的每一笔生意，都需要眼明手快操作一番。图载《格雷戈里的中国摄影集》。

517 油氽豆腐干　街头生意人许多都是外地来客，到此谋生，摊主那饱经沧桑的眼神中透出了人生艰难。摄于1921年。

518 烘米饼 木桶、铅桶、小桌、炉子，这位妇人正在做米饼，脸上露出的笑容让人感到亲切。摄于 1939 年。

519 临街炒菜 因房屋居住面积有限，便将门前沿街的公共空间当作灶间使用，相邻人家也同样如此。摄于 1939 年。

520 做海棠糕 海棠糕是苏州人颇
　　为喜欢的点心，尤其是小孩，
　　不光爱吃，还喜欢看它们是怎
　　么做出来的。摄于 1939 年。

521 刷马桶 旧时城市公共厕所很
　　少，每家每户都用马桶，每天
　　早晨，刷马桶就成了城市生活
　　的一道风景。摄于 1939 年。

522 母与子　农妇怀抱小囡到城里闲
　　逛看热闹。摄于 1939 年。

523 拓碑　寒山寺内拓印《枫桥夜泊》
　　诗碑。摄于 1939 年。

524 黄包车　又称人力车，是人力拖拉的双轮客运车。因创制于日本，故又叫东洋车，清同治十三年（1874）从日本传入中国。摄于 1921 年。

525 拖粪车　旧时称拖粪车的环卫工人为粪夫。1944 年摄于渡僧桥下塘。

526 救火会 1913 年苏州警察厅始建消防队，同年城区成立苏州救火联合会，按区分段设置区救火会。图为周王庙段救火会演练合影。

527 商会会员 清光绪二十九年（1903）清政府设立农工商部，准许各省商埠成立商会，光绪三十一年（1905）苏州成立商务总会。图为商会成员合影，所穿长袍马褂是民国时期男子常穿服饰之一。摄于 1923 年。

528 工商业者　身穿长衫的工商企业界人士合影。摄于 1948 年。

529 文人士绅　吴县各界代表举行茶话会，庆祝抗日战争胜利。摄于 1946 年。

530 学生做操　图为乐益女中学生在做广播体操情景。放眼望去，空旷的体育场和北寺塔尽收眼底。张寰和摄于 1955 年。

531 郊外联谊　郊外联谊活动上，青年学生们在上方山麓跳起了那个时代的经典舞蹈《青年友谊圆舞曲》。摄于 1957 年。

532 工会活动　单位职工在郊外进行游览活动，举行唱歌比赛。摄于 1957 年。

533 参观展览 市民参观在南门地区举办的苏州市城乡物资交流会。摄于 1952 年。

534 业余文工队 苏州市沧浪区葑门商业业余文工队，经常组织成员下基层演出。摄于 1958 年。

535 参加少先队 凡是 6 周岁到 14 周岁的少年儿童，愿意参加少先队，愿意遵守队规，向所在学校少先队组织提出申请，经批准就可以成为队员。图为新队员入队仪式现场。张寰和摄于 1952 年。

536 烈士陵园 1956 年 4 月，苏州市在横山西麓建烈士陵园。图为乐益女中学生怀念先烈，为烈士墓拔草。张寰和摄于 1957 年。

537 老人娱乐　虎丘人民公社老人下象棋。摄于1958年。

538 安老院　1950年苏州市建立安老院，地点在虎丘普济桥下塘，主要收养无依无靠、无生活来源、无自理能力的孤寡老人。1959年安老院改为苏州市社会福利院。

539 大学生 1952 年院系调整时，东吴大学 4 个系、江南大学 1 个系及苏南文化教育学院合并，在东吴大学原址成立江苏师范学院。图为该校学生合影。摄于 1959 年。

540 大学教工 江苏师范学院党委、组织、人事部门的同志合影。摄于 1964 年。

541 丝厂工人 第一丝厂位于南门外青旸地，前身为日商在 1926 年开设的瑞丰丝厂，中华人民共和国成立后被人民政府接管，改为苏州第一丝厂，是苏州最早的国营工厂之一。图为第一丝厂缫丝车间。摄于 1956 年。

542 木器工人 1956 年合作化运动中，木器行业走上了集体化生产道路，开始改革生产工具，逐渐使用带锯、圆锯机、电刨等电动机械。图为苏式木器社生产车间。

543 车床加工 车床是机械制造和修配工厂中使用最广的一种机床，主要是用车刀对旋转的工件进行车削加工。

544 工人学技术 在"自力更生，艰苦奋斗"精神鼓舞下，苏州车辆修造厂工人在集中展示各种生产技能，其中有焊接、锯截、安装等。摄于1958年。

545 **苏绣设计**　历史上苏绣
的欣赏品以摹画为主,
中华人民共和国成立
后,由国画家与艺术院
校毕业生组成一支专门
为刺绣欣赏品进行设计
的队伍,他们与刺绣艺
人通力合作,创作了一
批刺绣精品。图为画家
指导学生临摹作品。摄
于1961年。

546 **服务群众**　环秀山庄居
委会设立缝补站,为居
民的衣服修旧翻新。摄
于1959年。

547 爱国卫生运动　　1952 年抗美援朝时期，为粉碎美帝国主义细菌战，各级政府把搞好
　　公共卫生提高到爱国主义高度认识，1953 年苏州市爱国卫生运动委员会成立。图片
　　分别为居民组长摇铃挨家挨户通知搞卫生、居民擦窗洗门、居民清洗家具。

548 佛教高僧　灵岩山寺僧众和信徒礼佛念经，镜头前面的几位是妙真大和尚、明学法师、净持法师、贯彻法师。摄于 1962 年。

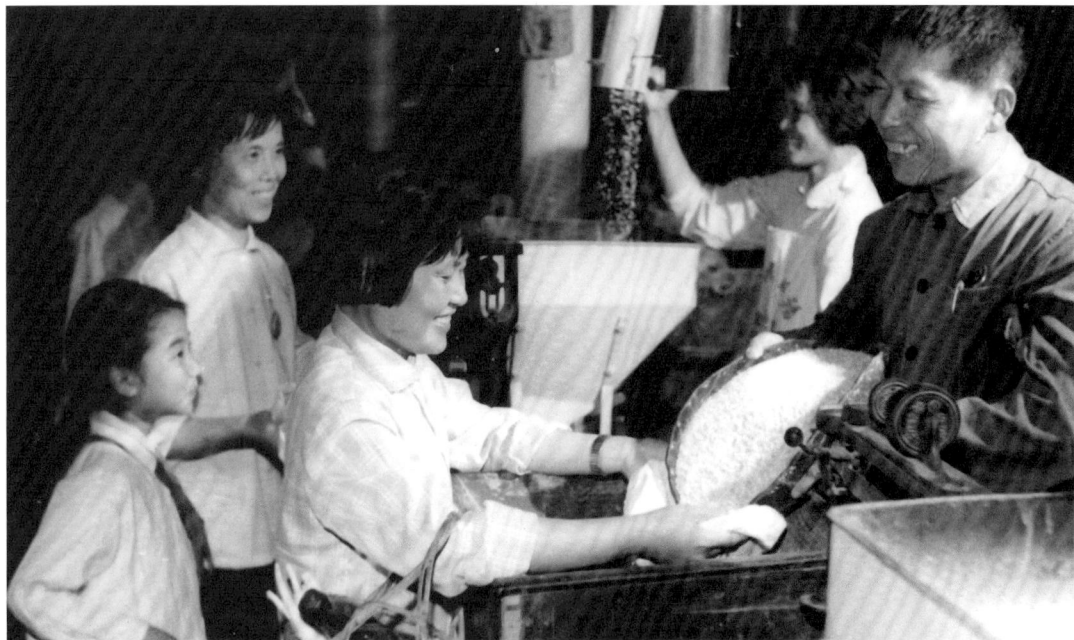

549 方海兴　道前街第五十七粮店全心全意为人民服务的事迹经《人民日报》报道后，
全国掀起了学习的热潮。图为该店主任方海兴热情为群众服务的场景。摄于 1970 年。

550 谢金妹　苏州市环卫处谢金妹同志当了干部后，劳动人民的本质不变，她在成为全
国妇女代表大会代表之后，仍然坚持参加劳动。1975 年摄于民治路。

551 杜芸芸 苏州丽华丝绸印染厂青年女工，出生于 1958 年。1980 年上海市静安区人民法院经过调查，发现杜芸芸是一笔 10 万元遗产的唯一合法继承人，而当时她每月的工资只有 30 多元。1981 年 1 月她到上海办理了公证手续后，主动将遗产上交国家，成为轰动全国的新闻人物。

552 张巧娣 苏州市胥江菜场党支部副书记，坚持按章办事，敢于抵制"开后门"，不准截留紧俏商品，被群众誉为"铁面无私"的好干部。摄于 1984 年。

553 下乡服务　红旗（沧浪）废品收购站组织职工下乡宣传，服务群众。船上宣传栏上
介绍了所要收购的各种废品，如废金属、发辫等。摄于 1970 年。

554 555 悼念毛主席　1976 年 9 月 9 日，敬爱的毛泽东主席逝世，举国悲痛。9 月 18 日，苏州市 30 万群众在体育场等处举行了隆重的追悼大会。此外许多单位也都举行了悼念活动。图为苏州航运公司船员和郊区农民追悼场景。

556 红工医　20 世纪 60~70 年代，由于基层缺少医务人员，一度在农村推行"赤脚医生"制度，在城市工厂则抽调工人通过培训，就地兼职医疗服务，人称"红工医"。图为红工医在车间机床旁为工人包扎伤口。摄于 1972 年。

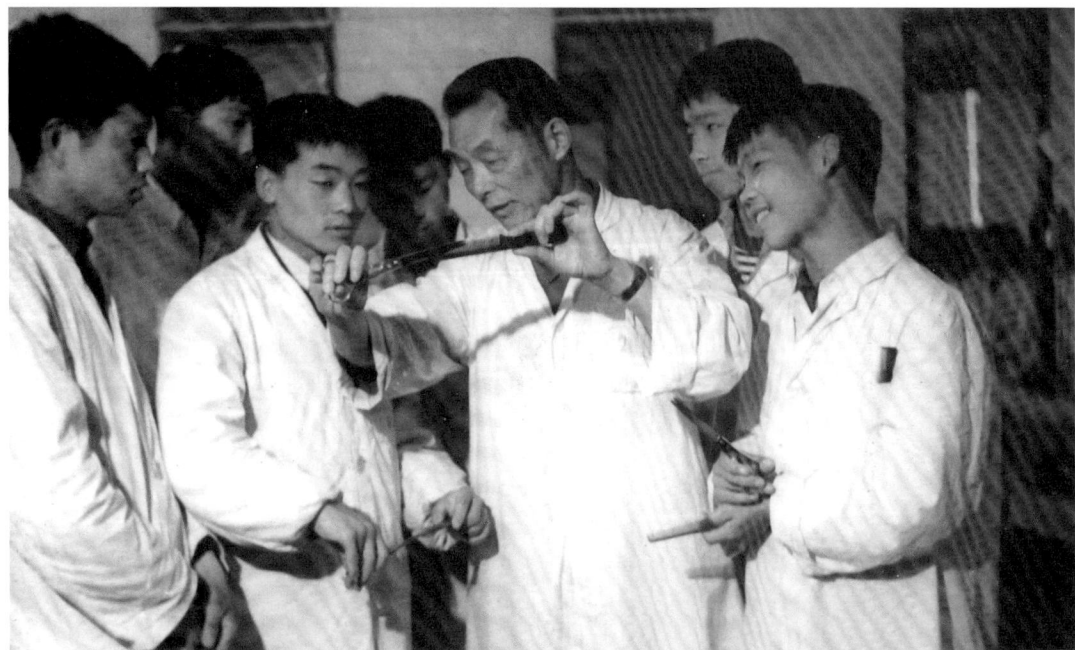

557 师傅带徒弟　理发店师傅言传身教，向青年学徒传授手艺。摄于 1979 年。

558 成人教育　1979 年后为适应现代化建设需要，城乡都开办成人学校。图为蠡口乡农民在夜校上课。摄于 1983 年。

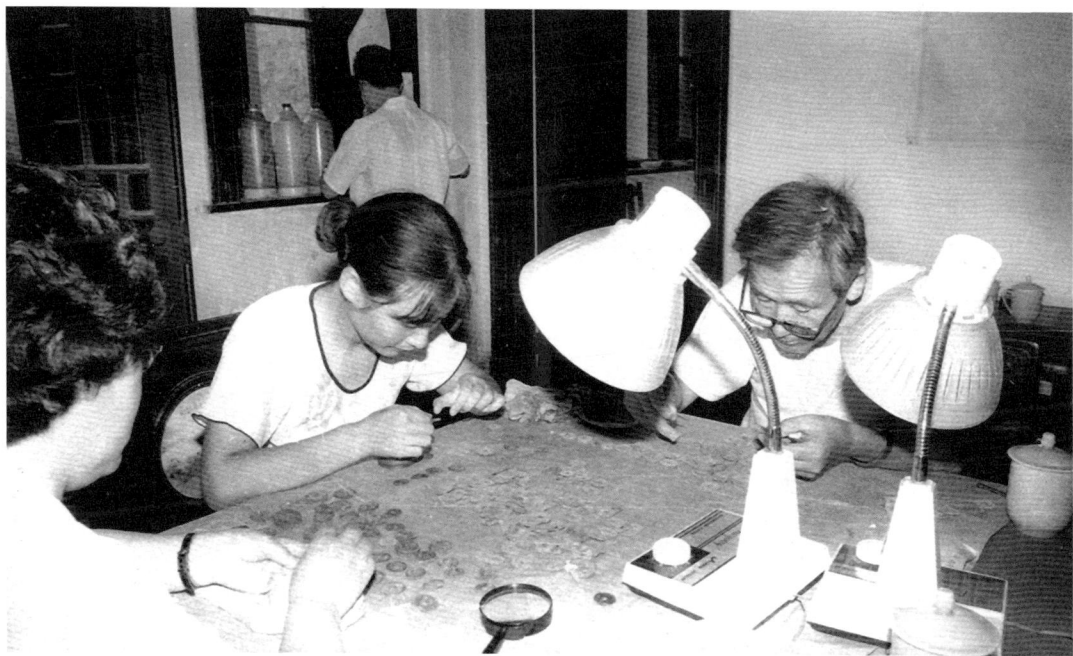

559 文物清理　考古人员对发掘出土的古钱币和遗物进行清理和记录。摄于 1986 年。

560 铁铃关踏勘 铁铃关又名枫桥敌楼，自清末以后阁楼颓毁，年久失修，雉堞、
女墙、射孔等都已倾废。图为园林古建专家邹宫伍实地踏勘铁铃关。摄于
1985 年。

561 山野调查 苏州城四周有数以百计的历代名人墓葬，西部湖山之间尤多。图为苏州博物馆馆长张英霖（中）等在考察途中，摄于 1986 年。

562 考古介绍 苏州博物馆副馆长钱公麟在三元新村元代古墓考古现场，向前来视察的政府和文物部门领导介绍情况。摄于 1986 年。

563 文物修缮图景之一 梁架立柱、横梁架设、塔檐清理、喷涂颜料。摄于 1965 年。

564 文物修缮图景之二　屋脊装饰、飞檐砌筑、塔顶铺瓦、古塔留影。摄于 1965 年。

565 欢迎英模　苏州市在网师园举行欢迎英模联欢晚会，出席晚会的有解放军英雄和社会各界劳动模范。摄于 1979 年 7 月 25 日。

566 舞蹈表演　苏州市文化馆舞蹈组表演《虎丘山下茉莉香》。摄于 1979 年。

567 横街茶馆 葑门横街位于城乡接合部，蒋家桥堍的茶馆里天天客满，茶客大都是附近娄葑乡的农民和老街上的居民。日本斋藤康一摄于 1985 年。

568 运河人家 护城河里航船穿梭来往，两岸人家相接。图中大妈正在操办午餐饭菜，那开心模样让人忍俊不禁。日本斋藤康一摄于 1985 年。

569 电影拍摄 《一盘没有下完的棋》是由中日两国导演联合执导，孙道临、三国连太
郎主演的剧情片，影片讲述了况易山和松波两个围棋家庭三十年的沧桑变故。图为
影片在山塘街拍摄时的场景，该片于 1982 年 9 月 15 日在中国和日本首映。

570 新房 结婚喜床、小方桌、花瓶、靠背椅、五斗橱，橱柜上有彩壳热水瓶和闹钟，新郎新娘笑逐颜开。

571 乔迁新居 改革开放后，苏州市政府在市区内外建造了大量居民新村，极大地改善了市民的生活条件。一家老小在新居阳台上十分开心。

572 学生放学 放学排队回家，脚穿套鞋，一路撑伞，书包很轻，步履欢快。

573 女工宿舍 双人床，挂蚊帐，夜里睡觉，白天则当食堂。
以上图片均由日本斋藤康一摄于1985年。

574 575 学习雷锋 在新的时代，雷锋精神重新被发扬。1983 年 3 月 5 日，共青团苏州市委组织 2800 人次上街为民服务，建立 4000 个学雷锋小组，做好事上万件。

576 拍摄园林 童寯《苏州古典园林·序》云："中国古典园林，精华萃于江南，重点则在苏州，大小园墅数量之多，艺术造诣之精，乃今天世界上任何地区所少见。"图为西安电影制片厂在拍摄苏州园林。

577 结婚喜宴 观前街松鹤楼菜馆是年轻人举办结婚喜宴的最佳选择，面对镜头，大家都很开心，幸福之情溢于言表。日本斋藤康一摄于1985年。

578 市场集锦 街角卖鸡、静等客来、核对分量、蹲地挑货。法国古·勒·盖莱
克摄于 1986 年。

古城俯瞰

古 城 俯 瞰

　　苏州古城历经兴衰，城址依旧坐落原处，为国内外所罕见。城河围绕城垣，建筑凭河而筑，宝塔高耸，楼台起伏，白墙黑瓦，鳞次栉比。登高远望，去看一看那早已渗透到古城各个角落的苍凉韵味，你会发现：苏州的天地是那样的空灵开阔，苏州的胸怀是那样的宽广无边，苏州的山水是那样的诗意盎然，苏州的色彩是那样的深邃厚重。换一个角度看古城，你看到的，将是一个别样的苏州！

　　苏城地处东南水陆交通要冲，城垣屋墙，古来即凭河而筑，外则京杭运河绕城而过，内则河亦为道，沟通内外。城池有两重城垣及诸多水陆城门，并已形成水陆平行、河街相邻、前街后河的双棋盘式城市格局。城河围绕城垣，城内河道纵横，桥梁星布，街道依河而建，民居临水而筑，唐人有谓"君到姑苏见，人家尽枕河。古宫闲地少，水港小桥多""绿浪东西南北水，红栏三百九十桥"。水巷、小桥的水乡风光与车水马龙交相辉映。苏州的风貌，其实就是千百年来的岁月积淀。让我们登高俯瞰，去看一看早已渗透到古城各个角落的古朴苍凉的历史韵味。

579 古城俯瞰　1928 年护龙街开始拓宽，北寺塔上俯瞰已经拓宽的街景。位于香花桥
北堍的北寺山门牌楼两侧各有楼房一座，是商铺店面及茶馆。黄笃初摄于 1934 年 5
月 29 日，图载《江南旧影》。

580 古城东南　午后阳光映照下，满目都是黑白相间的传统屋宇，气势磅礴，分外壮观。图中还能看到城中一些土堆荒丘，那是清末战乱遗留下来的废墟。摄于 1935 年。

581 古城南部　近处是北塔报恩寺庭院和西北街，远处依稀可见玄妙观三清殿的屋脊以及因果巷消防队的瞭望塔。近处沿街楼宇规整相连，住宅院落高低起伏，赏心悦目。摄于 1935 年。

582 古城西南 抬眼所及为古城西南区域，远处山岗即上方山与七子山，近处则为北寺塔边的桃花坞大街入口处。摄于 20 世纪 30 年代，图载《苏州旧住宅》。

583 古城西部 　北寺塔以西、桃花坞大街以北一带街区，有骆驼桥浜、官库巷、河东巷、河西巷、宝城桥弄、桃花桥弄等。摄于 1935 年。

584 平门路 1928 年苏州市政筹备处开辟平门，后又建梅村桥，并筑平门路。图为北寺塔上俯瞰平门路场景。黄笃初摄于 1935 年 11 月，图载《江南旧影》。

585 塔下田地　苏州城内北园田地开阔，村落坐落其间，远处有一道城墙将古城内外分隔开来。摄于 1935 年前后。

339

586 胥门城内外 万年桥两岸，桥左是城里，临运河歇满船只的地方即胥门菜市场，
向南过去是接官厅民居和胥江小学校舍，长满了绿树的胥门城墙则掩映在了一片
民居之中；桥右是城外，南北向的万年桥大街和东西向的胥门路在桥西埦交会，
由此演绎出了数千年"银胥门"的繁荣。摄于 1995 年。

　　苏州有座阊门，最是红尘中一二等富贵风流之地；苏州有座山丘，传说当年阖闾葬于此，十万人治葬，经三日，金精化为白虎，蹲其上，因号虎丘。自从唐代白居易到苏担任刺史，组织开凿河道、构筑长街，阊门至虎丘便通过七里山塘进行水陆往来，七里山塘亦成为江南旅游胜地。"七里山塘，行至半塘三里半"，半塘有座彩云桥，小桥流水人家，亦是苏州一道靓丽风景……

下册

五 彩 旧 影

五 彩 旧 影

古城景观 / 虎丘名胜 / 文物古迹 / 运河桥梁 / 水乡村镇 / 市井生活 / 乡情渔歌

清道光十九年（1839），照相摄影技术在法国诞生，很快便风靡世界。清道光二十年（1840），第一次鸦片战争爆发，两年后清政府签订了不平等的《中英南京条约》，广州、福州、厦门、宁波、上海等中国沿海城市被划为通商口岸，由此吸引了许多外国商人和传教士到华活动，一些西方摄影者对中国这个新大陆也产生了极大的兴趣。咸丰六年至十年（1856~1860），英法联军发动了第二次鸦片战争，之后西方摄影者获得了到中国境内任意旅行摄影的特权，由此诞生了中国风景题材的摄影作品。本篇所载绝大部分是清末民国时期，由欧美和日本摄影家、西方传教士以及上海商务印书馆，借用套色彩印制作的有关苏州名胜古迹、水乡风情的明信片和摄影作品，以及美国哈佛大学燕京图书馆所藏的姑苏全彩旧照。除此之外还有古代宫廷画家和苏州当代画家、东吴大学学生当年所绘制的画作，以及英国版画家伊丽莎白·基思在苏州所画的作品。

古 城 景 观

　　本篇记录了苏州一些具有代表性的景观，其中有玄妙观、观前街、阊门内大街、阊门外大马路、平门梅村桥和盘门、齐门城门城墙，以及护城河与山塘河的风光。图片大都来源于民国时期彩图版明信片。

001 玄妙观正山门　重檐歇山式建筑，端庄规矩，摊位三两，游人络绎不绝。百多年前的玄妙观正山门，虽然距今已很遥远，但仍然能让人动容。摄于清宣统二年（1910）。

002 玄妙观　三清殿气势庄严，殿宇雄伟，观内广场上篷帐遮空，市井繁闹。摄于1936年。

003 观前街 石板铺路，街道狭窄，店招排满，游人接踵。有人正将用船运来的胥江水
挑到观前的茶馆去。摄于 1920 年，图载《格雷戈里的中国摄影集》。

004 阊门大街　阊门城头俯瞰阊门大街。阊门地区因战乱被毁，同治、光绪年间重建，路宽仅2米，左侧屋檐上隐约可见北寺塔影。1935年该道路拓宽至15米，今称西中市和东中市。摄于清光绪三十一年（1905）。

005 阊门外大马路　清光绪年间，沪宁铁路开通，城外大马路与火车站相接。图为阊门鸭蛋桥附近街景，旅馆商铺林立，车马熙攘。摄于清光绪二十四年（1898）。

006 平门梅村桥　古平门久废，清末苏州火车站建立，1928年为便利城内外交通重辟平门。1929年颜料商贝润荪之父贝梅村捐资建桥，因以名桥。平门与梅村桥是苏州旧时知名景观。摄于1939年。

007 城北运河　城壁巍峨，城河开阔，渔民在河里捕鱼、扒螺蛳。摄于 1939 年。

008 烽火楼台　城垛、雉堞、女墙、马面，平门城外这段连绵城墙，透出了古城千年沧桑。摄于 1939 年。

009 摆渡船　旧时百姓进出古城，除了桥梁，还依靠摆渡船。图为城西北渡口，客人与轿子在摆渡。

010 航运客船　抗日战争之前是苏州轮船运输业兴旺时期，连一些偏僻的小镇都已通航。图为客轮经过盘门时的情景。

011 水陆雄关　伍子胥奉吴王阖闾之命筑吴大城，有陆门八、水门八。其中水陆盘门为城池南面正门，高耸的吴门桥则有"步入吴门第一桥"之称。摄于清宣统二年（1910）。

012 吴门桥西　盘门城墙下运河开阔，建筑临水而立，河中渔船摇过，岸边停靠着客运轮船。摄于1920年。

013 吴门桥下　吴门桥上行人来往，桥下航船正准备穿越桥洞，河边踏渡台阶上挤满了
洗涮的妇女。清光绪二十六年（1900）。美国詹姆斯·利卡尔顿途经苏州时拍摄。

014 盘门码头 清末苏州水上交通日渐发展，各轮局相继建设站埠码头。码头大都集中在阊门、盘门、胥门一带。图为盘门轮船码头。法国杜德威·皮特摄于清光绪二十七年（1901）。

015 城南运河 盘门城墙、瑞光塔影、运河帆船。摄于 1939 年。

016 盘门 盘门城楼，水城门、城下民居。摄于 1939 年。

017 齐门城河 齐门城内停靠着船只，水城门边的建筑与陆城门沿街建筑相连。英国奥利弗・海伍德・休姆摄于清宣统二年（1910）。

018 渡僧桥 位于阊门上塘河口，三国孙吴时建，宋咸淳十年（1274）重建，石级拱形桥，上下共 72 级。摄于 20 世纪 20 年代。

019 通贵桥 通贵桥至新民桥段是山塘河东段的著名景观。摄于 1939 年。

020 半塘河景 "七里山塘,行至半塘三里半",半塘以东,店铺鳞次栉比,商业兴旺;半塘以西,河面逐渐开阔,红栏碧树,绿波画舫。摄于 1939 年。

021 彩云桥 位于山塘街半塘，建于宋代。石拱桥畔街市相连，古意盎然，昔日半塘居然有此胜景，让人无比感慨。摄于 1938 年。

022 元丰酒坊 民国初年酒坊在虎丘一带兴起。1934 年无锡人于观清在半塘开办德泰烧酒业，1936 年兼并元丰酱油后也提供烧酒堂吃，遂成元丰酒坊，在同业中独树一帜。摄于 1938 年。

023 024 彩云桥今昔 从前游人到虎丘，都经过山塘街，故山塘街市热闹兴旺。自1928年虎丘马路开辟，山塘日趋萧条。上图为百年前彩云桥；下图为今日彩云桥，已是钢筋混凝土平板梁桥。两图左上角黑影，乃沪宁线跨山塘河铁路桥梁。

025 斟酌桥 跨山塘河支流东山浜，因旧时桥畔多酒家而得名，此桥原为石拱桥，1925年改建为水泥桥面。挪威卡尔·博克摄于清光绪十五年（1889）。

026 山塘塔影 七里山塘到虎丘，山塘街又称白公堤，水道陆衢，车船并行，古迹众多，景色宜人。摄于1939年。

027 山塘两岸 西山庙桥东侧的山塘河两岸，传统临水民居和民国小洋楼隔河相望，诗意盎然。摄于 1938 年。

028 西山庙桥 虎丘望山桥至西山庙桥河景，是山塘河西段知名景观。摄于 1939 年。

029 苏州水巷 吊脚楼民居临水，岸边妇女在洗衣，河里农船摇过，显得格外宁静。英国唐纳德·曼尼摄于 1920 年。

虎 丘 名 胜

本篇记录的是清末至民国时期虎丘宝塔、古寺山门、山门甬道、虎丘全景，以及环山溪流和山塘河两岸的景色。图片部分来源于民国时期彩图版明信片。

030 古塔余晖 云岩寺塔建于五代后周显德六年（959）。自南宋建炎四年（1130）金兵毁城，至清咸丰十年（1860）太平天国战争的730年间，曾七次被焚。战乱之后的宝塔各层塔檐均毁，塔刹无存，墙体裂缝，千疮百孔。其独特造型，举世无双，已成为苏州古城历劫不灭的一种精神象征。

031 虎丘山门 头山门与寺塔相望，入门便见"塔自林外出，山向寺中藏"。山门内孩童与宝塔的合影已历百年，让人难忘。摄于清宣统二年（1910）。

032 山寺僧人 虎丘云岩寺遭受战争破坏，寺院荒废，寺僧被逐，一度出现无人管理的状况，后来少数寺僧回归山上。山下则多由当地农、商等民众占用。摄于清宣统二年（1910）。

033 荒凉虎丘 山上除了宝塔，空无一物，山下也是一片荒凉，"别有洞天"洞门和"虎丘剑池"碑石等都尚未恢复。法国杜德威·皮特摄于清光绪二十七年（1901）。

034 清末虎丘 历史上的虎丘，几经劫难，又几番重建。清咸丰十年至同治二年（1860~1863），虎丘又毁于兵火，除古塔与二山门外，山寺建筑俱毁。一个轮回又开始：荒野之中，但见二山门断梁殿左右两侧，两幢建筑刚刚竣工，它们分别是建于光绪年间的拥翠山庄和东山庙大殿。图片来源于秦风老照片馆。

035 上山道 上山道铺上了石子，旁边的建筑也已重建，路旁挂有广告旗帜。摄于1938年。

036 商贩摊点 二山门内商贩在招揽生意，旁边人正支起火炉炒栗子。摄于1938年。

037 虎丘留影 千人石上几台相机一字排开，仿佛在列队欢迎前来虎丘的游客。摄于1938年。

038 山门甬道　头山门甬道两旁，右为苏州商会云集山庄，今已成为虎丘景区办公场所；左为苏州救火联合会公墓。摄于 1936 年。

039 虎丘西溪　白居易所开虎丘环山溪西段，亦名西山浜。晚唐诗人皮日休、陆龟蒙曾泛舟其上，有诗唱和。清乾隆年间陆龟蒙后裔陆肇域**在西溪东南建造别墅**，题名"西溪别墅"，以纪念先祖。

文 物 古 迹

　　本篇反映的是清末至民国时期的瑞光塔、北寺塔、双塔、文庙、先农坛、无梁殿、文星阁、天平山、灵岩山、西园寺、寒山寺，以及千墩秦峰塔和昆山马鞍山。图片来源于民国时期彩图版明信片或为外国艺术家的摄影作品。

040 瑞光寺塔　　始建于北宋景德元年（1004），为宋代早期南方砖木混合结构楼阁式佛塔佳作，太平天国战争时寺毁，宝塔独存，兀立于南园旷野，格外醒目。图为盘门内窥塔桥畔远眺瑞光寺塔。摄于清宣统二年（1910）。

041 塔下牌坊 盘门窥塔桥北旧有宋代伍相公庙，瑞光塔周边也有瑞光古寺建筑群落，然而历经战争摧残，盘门内一片荒凉。图为瑞光塔下一男子站立在残存的牌坊上。美国詹姆斯·利卡尔顿摄于清光绪二十六年（1900）。

042 北园野地 北塔报恩寺地处苏城北园地界，周边茅屋池塘，杂树环绕。摄于 1939 年。

043 报恩寺塔　重建于南宋绍兴二十三年（1153），系八面九级砖木结构楼阁式宝塔。重檐复宇，翼角飞翘，为吴中诸塔之冠。摄于1938年。

044 双塔　罗汉院双塔，北宋太平兴国七年（982）王文罕兄弟捐资兴建。双塔东西比肩，腰檐微翘，翼角轻举，玲珑秀丽，颇具纤巧柔美的江南风韵。

045 文庙牌坊 文庙府学极盛时有"学制之雄丽、池圃之幽邃,尤为江南诸学之冠"之说,图为文庙府学门前碑记街西端的"道冠古今"牌坊,透出了当年的恢宏。摄于清宣统二年(1910)。

046 文庙府学 北宋范仲淹任苏州知州时,以五代吴越王钱氏南园旧地创立,有东庙西学两条建筑轴线,被誉为"江南诸学之冠"。图为文庙大成殿。摄于清光绪二十六年(1900)。

047 048 开元寺无梁殿　位于盘门内，自宋至清屡经毁修，清咸丰十年（1860）又毁。上图为寺毁后残景，尚存无梁殿（藏经阁）以及露天大佛与散乱柱石；下图为同治十二年（1873）稍加修葺后的无梁殿。

049 先农坛　清雍正年间建立先农坛，址在盘门内（今工人文化宫南），每年仲春，地方官员在此致祭先农神。摄于 1915 年。

050 苏州贡院　贡院是科举时代设立在府、州、县的官方考试中心，明清时苏州贡院设在昆山，清咸丰年间被毁。同治三年（1864）在苏州定慧寺巷重建，门楣上写有"为国求贤"。瑞典安特生摄于 1921 年。

051 文星阁 俗称方塔，又名钟楼，建于明万历年间，位于葑门和相门之间，太平军守城时曾用作军情瞭望楼。瑞典安特生摄。

052 文星阁畔 文星阁桂香殿旁，青少年聚集在此。1952 年该区域归江苏师范学院（今属苏州大学），从此文星阁名副其实，成为无数学子向往的地方。图来源于美国费正清在哈佛大学课堂上的幻灯片。摄于清代。图藏哈佛大学燕京图书馆。

053 戒幢律寺 俗称西园寺，清咸丰十年（1860）沦
为荒墟，光绪年间广慧主持后大事募款兴修，规
模居当时苏城丛林之首。图为寺内大雄宝殿。摄
于 1938 年。

054 西园大鼋 西园寺放生
池内明代所蓄老鼋的后
代。摄于清光绪三十一年
（1905）。

055 寒山寺 始建于梁天监年间，相传唐代高僧寒山子居此，故名。太平天国战争时毁
于兵火，清光绪年间巡抚陈夔龙发起重修，宣统三年（1911）巡抚程德全又募款扩建。
摄于 1923 年。

056 灵岩山寺 始建于梁代，太平天国战争中全寺焚为焦土，仅剩五代时所建宝塔，而宝塔也于明万历年间遭雷击塔檐尽毁。清宣统年间真达和尚出资稍加修葺。摄于1936 年。

057 天平山 因山顶平正而名，范仲淹高祖葬于山之东坞，故俗称范坟山，有曲桥荷风、万笏朝天、云天一线、高义叠翠、奇石飞来等十八景。摄于清光绪二十六年（1900）。

058 秦峰塔　在昆山千墩镇，梁天监二年（503）始建，宋大中祥符元年（1008年）重修。砖身木檐，方形七层，总高 38.7 米。塔壁砌有砖雕佛像 40 多座，塔属延福寺。图为宝塔木檐已毁的景象。摄于 1985 年。1994 年重修，恢复宋代风貌。

059 马鞍山　位于昆山县城玉山镇西北隅，以形似马鞍得名。因所产昆石玲珑剔透如白玉，故又有玉峰和玉山之称。主峰在西部，全山四周环水，峰峦嵌空，山径迂回，又有朝阳、长阳、栖霞、桃源、抱玉、留云等洞穴之奇。山巅有华藏古寺和凌霄塔。摄于清宣统二年（1910）。

060 马鞍山公园　公园包括整个玉峰山，清光绪三十二年（1906），为抵制营建沪宁铁路之英籍人员购玉峰宝地建别墅，邑人发起建马鞍山公园，当时占地约40亩，为全国较早建成的公园之一。1936年为纪念先贤顾炎武，更名为亭林公园。摄于清宣统二年（1910）。

运 河 桥 梁

　　本篇介绍的是清末至民国时期苏州运河和湖泊上的桥梁，其中有觅渡桥、枫桥、江村桥、木渎敌楼和白塔桥、横塘五福桥、横塘亭子桥、行春桥、宝带桥等。图片来源于民国时期彩图版明信片以及费正清在哈佛课堂上的幻灯片。

061 兴龙桥　位于吴门桥东，跨大龙港，民间称作兴隆桥。图中可见盘门城楼，还有盘门大街，临河街道宽敞，店铺门面整齐。美国詹姆斯·利卡尔顿摄于清光绪二十六年（1900）。

062 觅渡桥 位于葑门外运河上，元大德二年（1298）建，明况钟重建，单孔石级桥。桥下正好有船队经过。美国詹姆斯·利卡尔顿摄于清光绪二十六年（1900）。

063 觅渡桥 桥洞中可见到恒利丝厂建筑和运河水文观察站的塔幢。摄于清宣统二年（1910）。

064 江村桥 位于寒山寺前，跨古运河支流。清康熙四十五年（1706）重建，同治六年（1867）修，单孔石拱桥。摄于20世纪50年代。

065 枫桥 自隋朝开凿大运河，南北舟船在枫桥交会，这里成为水陆停息处和商业集散地，更有寒山寺，因诗人墨客到此游览而千古留名。图片来自秦风老照片馆。

066 木渎敌楼 李根源《木渎小志》云：木渎敌楼在木渎镇白塔桥南堍。明嘉靖三十四年（1555）任环抗倭，明军自跨塘桥追击，歼敌于此，两年后巡按御史尚维持在此建敌楼。摄于清宣统二年（1910）。

067 木渎白塔桥 位于木渎镇东，胥江与驿道水陆要冲，远处即木渎敌楼。摄于 1915 年。

068 横塘运河　越溪水与木渎水合流为横塘，民国时此河道为胥江，经过五福桥（1965年被拆除），向西流入太湖，远处为北越来溪和上方山。图片来自秦风老照片馆。

069 石湖行春桥　位于上方山麓，跨石湖北渚，为石拱桥，俗称九环洞桥。宋淳熙十六年（1189）建，明崇祯年间重修，与越城桥首尾相连。摄于清宣统二年（1910）。

070 水乡渡口　苏州位于江南水乡，河网密布，湖泊众多，自古以来交通却也便捷：运河、渡口、航船、古桥，人们就是通过它们，走向了外面的世界。摄于1915年。

071 宝带桥 　清光绪二十六年（1900），美国詹姆斯·利卡尔顿第一次中国之行，从上海乘船沿吴淞江进入京杭大运河看到了宝带桥，他被深深地吸引，带上翻译跳上岸，找到最佳角度进行拍摄。那位穿长袍、有辫子、拿把洋伞当拐杖的，就是他的翻译。

072 运河铁路桥 　1936年苏嘉铁路建成通车，图为位于宝带桥对面的铁路桥。摄于1939年。

073 横塘古镇 伍子胥筑阖闾城，横塘即为城西南水源要冲之地。吴王夫差将横塘建为城外苑囿，三国东吴时渐成镇。摄于 1920 年。

074 普福桥 越溪水与木渎水合流为横塘，有普福桥，上有亭，俗称亭子桥，额曰"横塘古渡"。摄于清宣统二年（1910）。

075 石桥古阁　苍翠老树，清溪流淌，殿宇端庄。摄于清宣统二年（1910）。

076 江南夜色　明月当空，浮云飘逸，宽阔的河面托起了一座水中楼阁。摄于清宣统二年（1910）。

水 乡 村 镇

本篇体现了清末至民国年间苏州和江南水乡村镇的风情，图片来源于民国时期彩图版明信片和费正清在哈佛课堂上的幻灯片。

077 水乡古镇　上塘沿河人家，每家每户的河埠踏步都十分精致，充满了诗意。摄于1935 年。

078 水乡迎客 无论是近处船上，还是远处桥上，人们都露出了好奇的神态，在观望远
方到来的客人。摄于清宣统二年（1910）。

079 诗意人居 临水民居飞檐翘角、典雅端庄，驳岸坚固规整，还有吊脚楼的附房，加
上隔岸老树灌木映衬，构成了一幅水乡的绝妙图景。摄于清宣统二年（1910）。

080 小镇码头　河港水湾交集，农船往来，乡村码头边停靠着航船。摄于清宣统二年
（1910）。

081 村头塘岸　水乡村落，绿树浓荫，民居异常拥挤，天空和水面却疏朗开阔。摄于清
宣统二年（1910）。

082 临水村落　水乡湖荡中的村庄，出门都是水，只有船只才是他们通向外部世界的出路。摄于清宣统二年（1910）。

083 桥畔人家　乡间小桥流水人家，与城里优雅宁静的水巷相比，是另一种粗放和野趣。摄于清宣统二年（1910）。

084 村口石桥 桥头行人络绎不绝，河里渔船经过，木筏停靠岸边，远处是几幢农居，还有一片树林。摄于清宣统二年（1910）。

085 饮马古桥 这张镌刻有"饮马桥"的照片，让人浮想联翩：或许在某个不知名的乡村角落，也有一座饮马古桥。摄于清宣统二年（1910）。

086 摇橹进城　江南城镇的水巷，是人们生活的便捷通道，蔬菜瓜果柴米之类的物品，都需要用船运送到千家万户。图藏美国哈佛大学燕京图书馆。

087 水巷人家　石拱小桥，临水高墙，飞檐翘角，以及河埠踏步上的精巧廊屋，江南人家高雅精致的生活情调，都浓缩在这一幅水巷人家的画面之中。图藏美国哈佛大学燕京图书馆。

088 运河小镇　拱桥高耸，流水清澈，两岸人家相连，这就是水乡小镇的韵味，让人难以忘怀。图藏美国哈佛大学燕京图书馆。

089 古镇情调　江南古镇虽然都离不开河流船只、民居塔影，但每一个古镇各不相同，都是一幅新的场景。图藏美国哈佛大学燕京图书馆。

090 水乡集镇　水乡船多，河里船来船往，两岸也歇满了船，有客船、渔船和各种农用船只，十分拥挤。英国奥利弗·海伍德·休姆摄于清宣统二年（1910）。

091 竞相观客　小镇上来了位稀客，大家都争相来看热闹，然而这一切都被前来采风的
　　　　外国摄影家摄入了镜头。摄于清宣统二年（1910）。

092 光福塔桥　光福塔位于龟山之巅，故龟山又称塔山。龟山对面则是虎山，虎山桥横
　　　　跨虎、龟两山。摄于清宣统二年（1910）。

市 井 生 活

　　本篇再现了清末至民国年间百姓生活的场景，其中有看戏、轿夫、吃食店、茶馆、摆地摊、小吃担、骆驼担、算命先生、代写书信、剃头摊、路边小吃摊、老街早市等。图片大部分来源于民国时期彩图版明信片。

093 看戏场景　苏州自宋元南戏传入，始有戏剧活动，明嘉靖、隆庆年间昆曲形成并发展成为昆剧。民国时期苏州舞台先以京剧为主，其后锡剧、越剧、沪剧、苏剧等逐渐兴盛。摄于清宣统二年（1910）。

094 抬轿出行　自古以来"武官骑马，文官乘轿"，在民间婚丧嫁娶，送往迎来，也会雇轿。苏地有轿行一业，备轿雇夫，出租轿子，方便出行。摄于清代。

095 坐轿旅游　达官贵人、缙绅富户、名门仕商往往私人置轿，雇养夫役，以示显贵。摄于清代。

096 市镇掠影 江南城镇街头歇满黄包车，这是一种刚从日本流传过来的载人车辆，人称东洋车。摄于清代。

097 点心铺　台下置火炉，台上锅盆、蒸笼、碗盏等齐全，可见这家店铺经营的食品种类应该不少。摄于清代。

098 茶馆　苏州人把喝茶看成开门的第一件事，即泡茶馆"吃茶"。旧时苏州的茶馆还兼有信息交流、娱乐、谈买卖等功能，老年人往往坐到中午时分才离去，因此不少茶馆还供应茶点。图中还可见到烘制大饼的炉桶。摄于清代。

099 独轮车设摊　清末民初，独轮车在江南十分普遍，可以作为马车的替代品，帮助载人运货，也可以就地停在路边，设摊做生意。

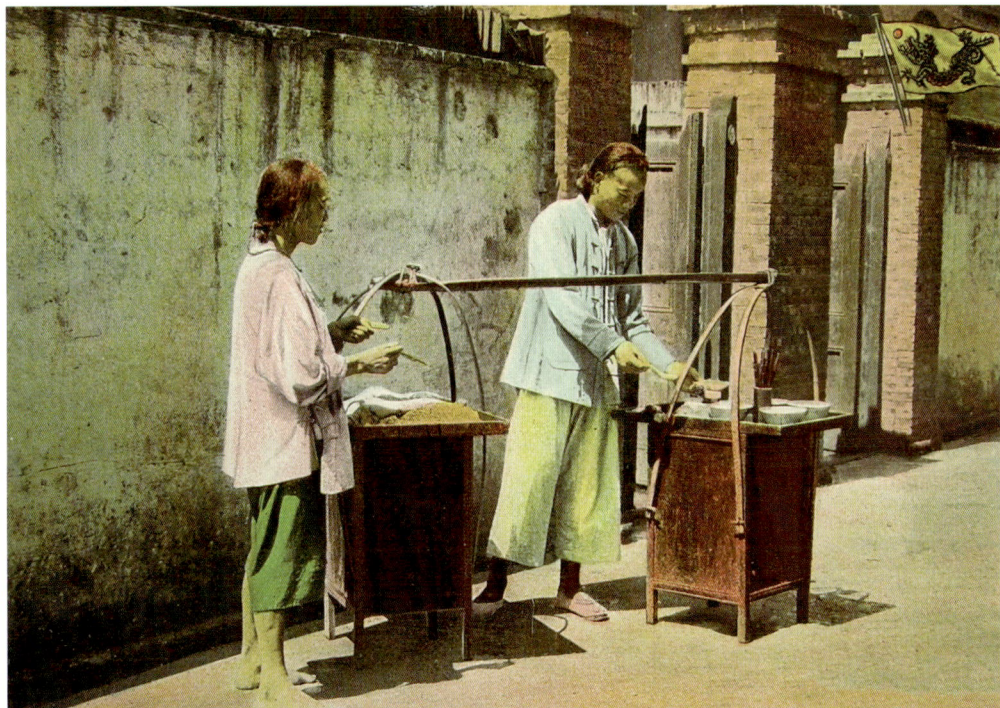

100 小吃担　一种简易担子，可以走街串巷，沿街吆喝卖小吃。摄于 1930 年。

101 102 骆驼担
因其两边低中间高，形似骆驼而得名。担子虽然不大，但锅、炉、罐、瓢、碗和各种食料一应俱全，故而俗谚有"苏州小吃一担挑"之语。上图摄于清咸丰八年（1858），下图摄于民国时期。

103 街头郎中 桌上摆着药瓶,墙上挂着药材,郎中路边设点为行人治病。摄于清代。

104 代写书信 旧时百姓文盲多,路边设摊,替人代写书信成为一门生意。

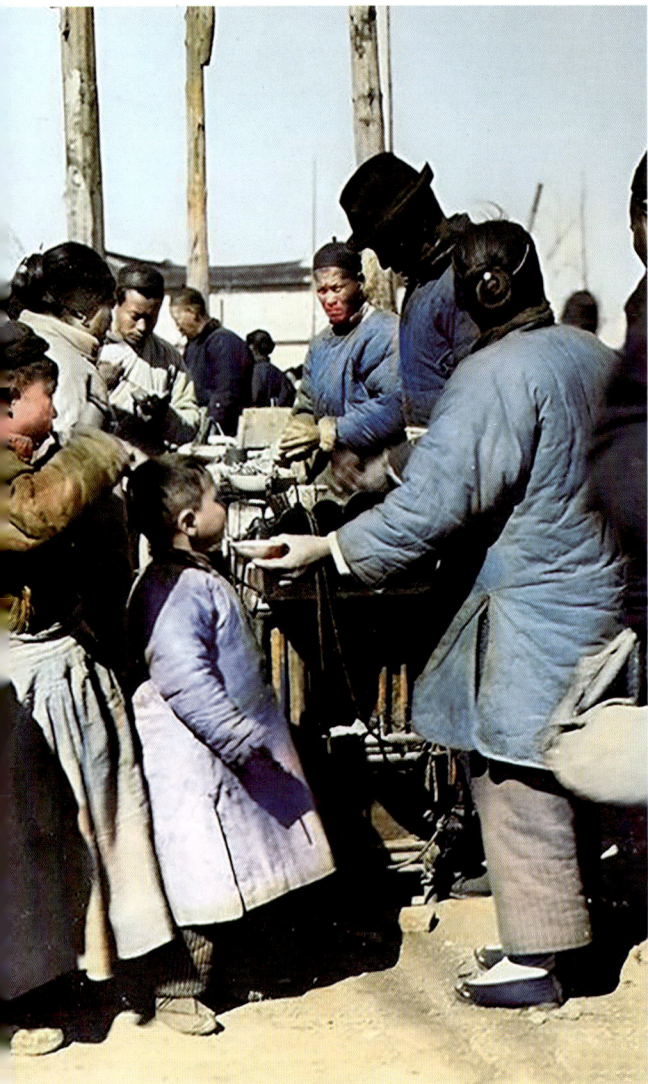

105 街头小吃　街头小吃方便行人，男女老
　　少都来品尝。英国约翰·威廉·埃夫格
　　雷夫摄于 1930 年。

106 测字算命　测字术，属于迷信职业，
　　即通过口述某个词语，测算当前所面
　　临的困惑或吉凶祸福。摄于 1925 年。

山阴字祸棋测理
阴暴算习断吉凶
俾五行如生化制
菊陰验阴阳合无差
萬浮失可测
如一耳恭枯叶知
論非余最福诬言
字诺吕清书武之

107 剃头铺　理发师正在为孩子理发，应该是想用剃刀直接给剃出个光头，虽然不是很美观，但非常实用。英国约翰·威廉·埃夫格雷夫摄于 1930 年。

108 剃头摊　从前理发行业店铺很少，许多都是在街头屋角设摊替人剃头洗头。1939 年摄于苏州景德路城隍庙照墙前。

109 杂货地摊　在闹市街头摆设地摊，销售家庭生活器具用品，这在从前十分普遍。摄
　　　于 1930 年。

110 街头小吃　街边桥堍、商家门前等行人往来之处，往往也是小吃摊的热门地带。
　　　1939 年摄于阊门东中市崇真宫桥堍。

111 老街早市 平民百姓过日子，大都需要起早上街买菜，老街早市便是百姓一天生活的开始。

乡 情 渔 歌

　　本篇拍摄了民国年间江南水乡农民田间劳动和河流湖泊中的船只、竹排以及渔民、渔船。图片主要为美国传教士、医生珍妮·洛根夫人途经吴江运河时所摄，还有部分为民国时期彩图版明信片。

112 脚踏水车　农忙季节，众人一起踩踏水车，灌溉农田。美国珍妮·洛根夫人摄于1930 年。

113 114 115 水田劳作 吴江农村留影。美国珍妮·洛根夫人摄于 1930 年，右
  上图为其女儿。

116 竹筏撑运 也叫"拖水篙子"，苏州竹商买的竹子，喊排工承运，从浙江梅溪山区
通过运河运往娄门竹行。美国珍妮·洛根夫人 1930 年摄于吴江平望运河。

117 划桨船　凡不用楫而用桨的为划桨船，其广不过一榻，往来只以一桨相荡，称为划楫，乡人采莲、采菱皆用此船。摄于 1925 年。

118 乡间航船　往来于城乡和各镇之间的航班客船，船上有篷，舱内两边安有坐板供乘客坐，航船载客随意，沿途停靠，集运货、采购、销售于一身。摄于 1925 年。

119 120 放鸟船　渔船中凡畜鸬鹚以取鱼的叫放鸟船，也称鱼鹰船。上图摄于清光绪
二十七年（1901），下图摄于宣统二年（1910）。

121 宝带桥畔　澹台湖水面浩渺开阔，宝带长桥延绵远去，鱼鹰船在此停泊小歇，好一幅江南乡情渔歌图。摄于 1915 年。

122 太湖渔船　相传太湖渔民是南宋岳家军水师后裔，岳飞冤死后不少人来到这里，将战船作为渔船，撒网捕鱼度日，繁衍下来。太湖渔船大小不等，有五桅、六桅、七桅三种。

123 卖鱼摊贩 头上盘着辫子的渔民，将刚刚捕捞上来的水产品当街销售。摄于清光绪二十七年（1901）。

124 渔船码头 渔船停靠处，商贩在此设摊，为渔民提供蔬菜食品。摄于清代。

下册

绘画苏州

绘画苏州

古代绘画 / 现代绘画 / 外国绘画

　　苏州绘画曾经闻名全国，明代吴门画派影响深远；清代宫廷画家王翚等绘制的《康熙南巡图》和徐扬绘制的《乾隆南巡图》知名于世；苏州桃花坞则是江南民间年画的荟萃之地，清康熙年间得到发展，乾隆时期更为兴盛。20世纪20年代开始，以颜文樑、胡粹中、朱士杰为首的苏州美术专科学校创立，不仅对继承中国传统画做出了贡献，而且系统地介绍了西方绘画理论和技法，把油画、水粉画等引入苏州，自此中国传统画和西洋画相互影响，争奇斗艳，苏州成为全国传播西方美术的基地之一。在中西方绘画和版画的交流中，民国年间英国女艺术家伊丽莎白·基思的影响力不容忽视。1915年至1924年，她在远东生活了九年，其间她来到中国，游历了北京、广州、上海、苏州等地。苏州的名胜古迹、街巷桥梁、运河风光等景色，经过她的奇特设计，变得更加迷人。

古 代 绘 画

　　清初常熟人王翚，以布衣应诏供奉内廷，绘制《康熙南巡图》，三年完成；乾隆皇帝南巡至苏州，徐扬进画，得以供奉内廷，于乾隆二十四年（1759）画《盛世滋生图》（《姑苏繁华图》），后又绘制《乾隆南巡图》。苏州桃花坞曾经是江南民间年画的荟萃之地，在现存的桃花坞木刻年画中，人们可以看到雍正年间《姑苏阊门图》、乾隆年间《姑苏万年桥图》等作品，其绘制印刷均十分精美。

125 虎丘行宫　为迎接皇帝南巡驻跸，清康熙年间虎丘山上即建有行宫。图中自左往右分别为含晖山馆行宫、水云深处、宝塔、大佛殿、万岁楼、悟石轩、天王殿等建筑。焦秉贞绘《南巡苏州行宫图》局部。

126 清帝南巡　清帝南巡江南，被视为国运昌盛的象征，康熙皇帝分别于康熙二十三年
（1684）、二十八年、三十八年、四十二年、四十四年、四十六年六次南下江南巡视，
每次均到苏州。乾隆皇帝也仿照其祖父做法，分别于乾隆十六年（1751）、二十三年、
二十七年、三十年、四十五年、四十九年六次南下，每次也都到苏州。图为康熙皇
帝南巡苏州，阊门外挂满彩旗。宋骏业绘《康熙南巡图》局部。

127 胥门外接官厅 胥门城外运河开阔，城门南侧便是接官厅，码头上迎接皇上的仪式已经安排妥当。胥门对岸即泰让桥与胥江口，时万年桥尚未兴建。宋骏业绘《康熙南巡图》局部。

128 盘门三景 盘门城门、瑞光塔、吴门桥尽收眼底。瑞光寺院外那一大片田野便是延续了数百上千年的姑苏南园田地。吴门桥畔则是商业兴旺的盘门大街。宋骏业绘《康熙南巡图》局部。

129 康熙帝登岸 阊门码头，御船靠岸，城河上下都是欢迎的人群。王翚《康熙南巡图》
局部。

130 与民同乐 康熙皇帝驻跸苏州，在虎丘后山与官民一起观看表演。画藏故宫博物院。

131 北寺塔前 乾隆皇帝南巡苏州，官员跪地恭迎皇上驾到。徐扬绘《乾隆南巡图》局部。

132 接驾桥畔　乾隆皇帝骑马，正从接驾桥上过来。徐扬绘《乾隆南巡图》局部。

133 乾隆帝进城 乾隆皇帝于胥门外接官厅码头舍船登岸，在众官员陪伴下骑马进入胥门。徐扬绘《乾隆南巡图》局部。

134 织造府 在葑门内带城桥下塘，清顺治三年（1646）由明贵戚周奎故宅改建，清康熙十三年（1674）始为织造衙门，西有行宫，为康熙皇帝、乾隆皇帝南巡驻跸之所。咸丰十年（1860）俱毁于兵火。同治十年（1871）重建，但未复旧观。王翚绘《康熙南巡图》局部。

135 浒墅钞关 明洪武年间，朝廷设有商税而无船税，宣德四年（1429）开始设立钞关，收取船税，即每船按货物多少、路途远近来征收税费。同年苏州浒墅设立钞关，遂名浒墅关。王翚绘《康熙南巡图》局部。

136 虎丘山图　清人绘虎丘山盛世场景图：宝塔、乾隆行宫、大佛殿、万岁楼、千人石、悟石轩、天王殿、仰苏楼、小吴轩等一览无余。

137 灵岩山图　清人绘灵岩山盛世场景图：上山道、灵岩山寺、琴台以及山下的韩世忠祠、墓和众多民居庭院等尽收眼底。

138 姑苏阊门图之一 桃花坞木刻年画，雍正年间宝绘轩主人描绘的阊门盛世图景，画出"阊门内外，居货山积，行人水流，列肆招牌，灿若云锦"的繁华景象。画面题诗三首："万商云集在金阊，航海梯山来四方。栋宇翚飞连甲第，居人稠密类蜂房。""绣阁朱甍杂绮罗，花棚柳市拥笙歌。高艖画舫频来往，栉比如鳞贸易多。""不异当年宋汴京，吴中名胜冠寰瀛。金城永固民安堵，物阜时康颂太平。"

139 姑苏阊门图之二 此画题名《三百六十行》，与《姑苏阊门图》同刻于清雍正十二年（1734），由宝绘轩主人绘。此图作为对屏，与前图合成一幅阊门城里城外的完整图景，是这一时期苏州阊门的真实写照。刻图之时阊门经康熙初重新修缮，水陆城门，城楼高耸，瓮城规整，并有南北童梓门东西相连。此画街头民众熙熙攘攘，运河船舶穿梭往来，生动地再现了苏州的市民生活，是我国木版年画中不可多得的艺术珍品。

140 金阊古迹图 桃花坞木刻年画，绘图从齐门外沿河处开始，用众多木棍支起的戏台上，正在上演昆曲。运河宽阔，城墙蜿蜒，环城河里是南来北往的船只，官船、龙船、游船、商船、民船篙动橹摇，然后则是阊门城楼、吊桥、渡僧桥和山塘街，远处还可见到上塘河与枫桥以及城外山影。图载《康乾盛世"苏州版"》。

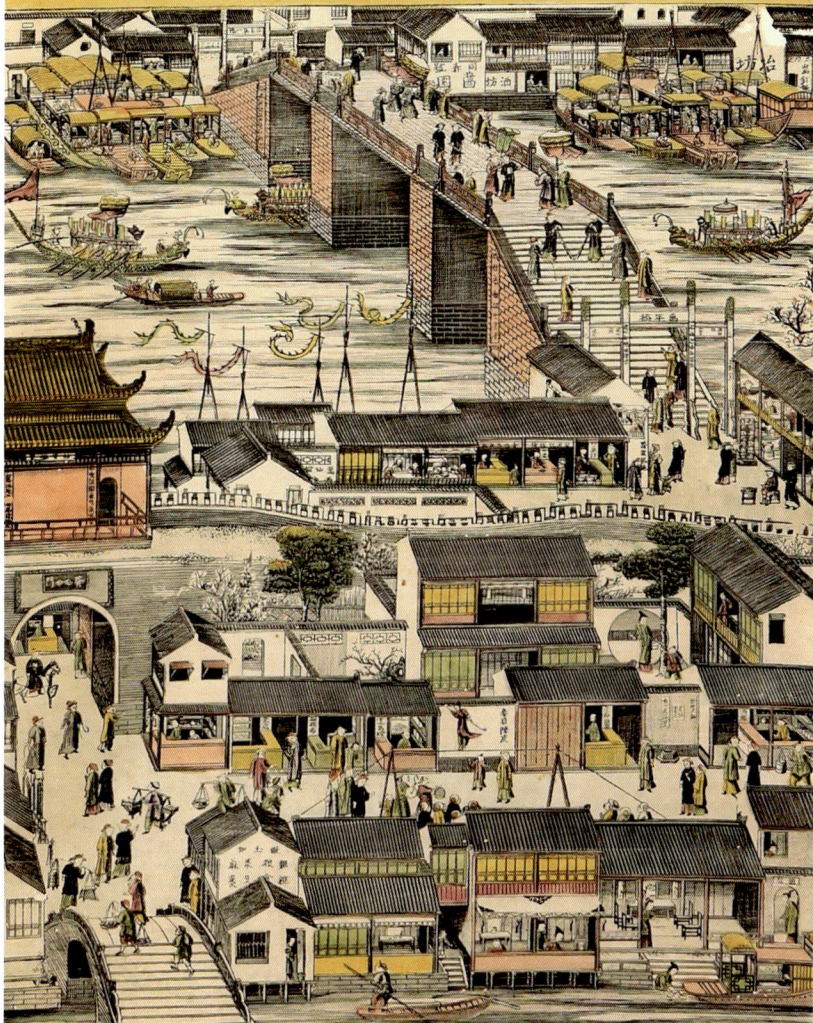

141 姑苏万年桥图

苏州城西名胜众多，但出城为胥江所隔。清乾隆五年（1740），筑万年桥以通商，一时成为苏州重大工程。此图绘于乾隆五年，正是万年桥竣工之初，刻画出当时胥门外商店鳞次栉比，胥江上帆樯如林，城门内外车马往来，市井艺人献技以及行商小贩走街串巷的生动景象。图载《康乾盛世"苏州版"》。

142 **虎丘胜迹图** 从山塘河虎丘码头，经头山门、二山门、上山道直至千人石，山巅则是为迎接皇帝南巡驻跸而建的行宫和山寺楼阁以及虎丘塔的全景图像。图载《康乾盛世"苏州版"》。

现　代　绘　画

　　本篇载录了东吴大学学生以及苏州现代画家颜文樑、胡粹中、朱士杰、尤玉淇等描绘的苏州古迹和风景，其中有万年桥两岸、觅渡桥两岸、葑门城楼、虎丘、枫桥、道山亭、城外田野、夜间工厂、长洲县学、南禅寺、善庆庵、太湖夕照、双塔、枣市桥和石湖新郭村等景观。

143 万年桥两岸　对岸是万年桥大街，商铺民居连绵，另一侧是胥门城门口的码头，停靠着大小不一的游船。民国初年东吴大学学生绘。

144 觅渡桥两岸　甲午战争后苏州被辟为通商口岸，觅渡桥两岸分别建起了洋关税务司署和恒利丝厂，成为苏州近代经济开放的标志。民国初年东吴大学学生绘。

145 葑门城头　葑门城楼两侧，左为东吴大学的林堂，俗称钟楼；右为文星阁，也称钟楼。两座典型的古今地标性建筑，在葑门城头交相辉映，堪称姑苏佳景。东吴大学学生绘。

146 虎阜晚钟　虎丘二山门前，游人乘轿上山。颜文樑绘。

147 月夜枫桥　铁铃关下，枫桥侧畔，明月高悬，灯火渔船。颜文樑绘。

148 载月归 小屋临河，船靠堤岸，月儿临空，行人晚归。颜文樑绘。

149 道山亭 唐末五代，吴越王钱氏大兴土木，营造南园，挖土成池，堆土为山，遂有道山。道山海拔才6米，原在植园内，民国时植园部分归苏州中学所有，道山乃成校内景观。颜文樑绘于1924年。

150 厨房　作品以全景式的构图，再现了江南旧式厨房的场景。该作品1929 年参加巴黎春季沙龙画会，获得荣誉奖。颜文樑粉画，作于 1920 年。

151 肉店　他在阊门赵天禄糖果店内搭画架，绘制街对面阊门吊桥堍老三珍肉店的情景。颜文樑粉画，作于 1921 年。

152 平门路　1928 年苏州开辟平门，并筑平门路。颜文樑绘。

153 古城田野　北寺塔西侧田园风光，村民在罱河泥。颜文樑绘。

154 深夜之市郊　自清光绪二十一年（1895）苏州在盘门外创建苏纶纱厂、苏经丝厂后，沿护城河陆续出现了一批近现代工厂。该作品描绘了城外工厂夜间生产的场景。颜文樑被誉为"中国油画夜景第一人"。颜文樑作于 1954 年。

155 县学牌坊　长洲县学创立于南宋咸淳元年（1265），原在旧学前，遗址今为干将路平江实验学校。图为长洲县学文庙牌坊。胡粹中绘。

156 北园　北塔报恩寺山墙外，古树村落，土丘起伏，小船流水。胡粹中绘。

157 南禅古刹 南禅寺在城南，唐开成年间建，白居易曾书《长庆集》留该寺千佛堂。
清咸丰年间寺毁，同治年间重建。1956 年建造工人文化宫时被征用，寺屋被拆除。
胡粹中绘。

158 葑门地货行 葑门城河畔协泰兴地货行，船舶停靠，远处露出了东吴大学红墙建筑。胡粹中绘。

159 善庆庵 木杏桥畔古庵，面对一堵照壁。1929 年蒋介石二夫人姚冶诚携养子蒋纬国居住苏州，姚冶诚信佛，遂将古庵当家庙。此地今属南园宾馆。胡粹中绘。

160 万年桥　始建于清乾隆年间，三孔石跨梁桥，墩台为清代结构。胡粹中绘。

161 东宅河头　太湖东山村落，临河民居，过街廊棚。胡粹中绘。

162 太湖夕照　湖面浩瀚，晚霞灿烂，归舟扬帆前行，近处渔船已经落帆歇港。朱士杰绘。

163 164 环古城河　苏州外城河环绕古城，全长 17.48 千米，宽 50~130 米，为苏城主要
水运通道。两图均为民国时期苏州城北护城河，岸上百姓来往，河里船只繁忙。

165 不波艇　位于虎丘上山道西侧，紧贴依山势逐级升高的拥翠山庄东墙内建筑，其南为憨憨泉，向东正对试剑石。不波艇为南北向三间，卷棚歇山顶，整体造型似向下航行的船舫，因周无水波故名"不波艇"。绘于 1920 年。

166 植园　位于文庙西侧，清宣统时江苏巡抚程德全为行新政，将此地开辟为讲求农事之所，植树两万余株，还垦田八十余亩，后因不复重视，日渐荒芜。中华人民共和国成立后在原址兴建建筑工程学校，后为半导体总厂。绘于 1920 年。

167 双塔 双塔周边，屋舍田地，一泓池水倒映着宝塔和人影。尤玉淇绘于 1949 年。

168 窥塔桥畔　位于盘门城下，桥跨城南内城河，清初清军曾在此屠城，此地十分荒凉。

169 石湖新郭　上方山下，石湖岸边，隋开皇十一年（591）杨素曾将苏州城迁此，故
　　地名新郭。唐武德七年（624）州治又迁回苏州。图为新郭村边的永安桥。

170 枣市桥　胥江开阔，一桥横跨，桥畔民居，路人三两。

171 水巷撑船　石拱桥下，河道狭窄，水流湍急，船工齐心合力，正用篙努力撑船。

外 国 绘 画

　　本篇是英国女画家伊丽莎白·基思于20世纪20年代来苏州旅行期间创作的风景版画和绘画，其中有姑苏桥梁、阊门城门、阊门外老街、吊桥月色、虎丘山、彩云桥、钟楼田野、双塔田野、横塘古渡、木渎运河、太湖光福和农民水田劳动等。

172 石桥流水　拱桥高耸，桥下行船刚露船尖；民居傍河，渔船停靠，几只鸭子在嬉闹。

173 桥头廊屋 苏州水巷桥多，但桥头建屋似不多见，这家饭店就开设在桥上，人来人往，都在店家廊檐下穿行，倒也别具一格。

174 阊门城门 城门口紧连着的巷子，原来就是赫赫有名的阊门大街，可惜清末那场战乱，将盛世阊门摧毁，后来重建，便成了图中那条狭窄的小巷。

175 老街熙攘　店幡招牌充斥，满街行人往来，民国初年的阊门外老街，生意兴隆，商业繁忙。

176 城门口　夜晚将临，城门洞里有人点起灯烛在做生意，城门口的拾荒老人正在翻拣垃圾桶。

177 桥畔月色 夜幕下的阊门吊桥堍，明月初升，灯烛齐明，无论岸上人家，还是河里船家，都要准备吃晚饭了。

178 香烛店铺 苏州古城寺庙多，城乡百姓烧香拜佛，香烛店门前不会冷落。

179 祖孙刺绣 苏州刺绣"精、细、雅、洁"，城区有绣市，乡镇设绣庄，民间绣娘不计其数。图为祖孙刺绣，老太太毕竟年岁已大，天冷还需脚炉暖身。

180 彩云桥 位于山塘街，俗称半塘桥。市井生活跃然纸上：有人赤脚在挑水，有人河滩洗东西，有人临河在吊水，还有人抱着小孩在闲逛，一派祥和景象。

181 方塔田野 位于相门与葑门之间的文星阁，俗称方塔或钟楼。图为方塔和桂香殿，周边是田野，远处还有一段城墙。

182 双塔田野 双塔南面是一个村落，还有一片稻田，正是插秧季节，天光地影，相互映照。

183 虎丘山　宝塔凌空，殿阁巍峨，山下老街都是店家商铺。望山桥塌，马路已经筑到山前。

184 水牛耕田 群山环抱，丘陵水田，农夫赶牛耙田，只待来日好插秧。

185 横塘古渡 亭子桥畔，运河船上，渔民正在用鸬鹚捕鱼。

186 木渎运河 木渎运河起自横塘镇南的五福桥，至光福镇。古树老桥，远处山影，河里渔船行驶，岸上村民正在门前场上晾晒谷子。

187 太湖光福 湖光千顷，彩云万里，宝塔兀立，帆影点点，近处渔船正在作业。

下 册

城 市 记 忆

城 市 记 忆

古城风貌 / 水城特色 / 城市文化 / 城区发展 / 新区园区

　　1949 年 4 月 27 日苏州解放，古城迎来了一个新的时代。本篇记录的是苏州解放以后，尤其是改革开放以后苏州城市的历史镜头。与上篇"五彩旧影"所用彩图大都是由黑白照片彩色印刷的不同，这里所载图片都是用彩色胶卷拍摄而成的。其中最早的应数金石声于 1957 年拍摄的苏联、东德城市规划专家在苏州活动的镜头；之后是法国年轻女外交官索朗日·布朗于 1966 年所摄；接着又有英国女摄影师伊芙·阿诺德的作品；其他还有美国比尔·霍克、美籍日本人出目里利吕井、日本斋藤康一以及一些尚不知名姓的外国摄影家们，他们分别于 20 世纪 70~90 年代，给苏州留下了许多珍贵影像。同时，苏州市规划局、文管会等部门和市文联、苏州日报社等都提供了资料；特别是 2008 年苏州市委宣传部举办的苏州市改革开放 30 年成果展览，相关单位为此提供的许多照片，为本篇奠定了坚实的基础。"城市记忆"篇共分"古城风貌""水城特色""城市文化""城区发展""新区园区"五个章节。

古 城 风 貌

　　20世纪60~90年代的苏州古城，从火车站经人民路、察院场到观前街、玄妙观和阊门石路，还有一些街巷马路以及市井生活，其中许多镜头如今都已经消失……

188 站前即景　苏州火车站广场上的毛主席画像，当地驻军战士赶着马车正从这里经过。这幅毛主席画象曾经给南来北往的旅客留下深刻的印象。法国布鲁诺·巴贝摄于1973年。

189 火车站　苏州火车站始建于清光绪三十二年（1906），1976年经铁道部批准在原址重建，1979年4月25日破土动工。图中可见站前广场的道路已开始拆除。

190 绿皮火车　月台上匆忙的身影，曾经是许多人的记忆。难忘当年，就是在这里告别亲人远走他乡；难忘当年，久别归来，重又呼吸到家乡的气息，忍不住泪湿双眼。美国比尔·霍克摄于 1988 年。

191 192 火车站 1982年6月1日，重建后的苏州火车站交付使用。上图为车站站前广场，摄于1989年；下图为车站进口处，摄于1993年。

193 北寺塔 宝塔正在修缮, 此时 "文化大革命" 刚刚开始, 路边搭建起宣传舞台, 一群青少年和家庭妇女齐集台下观看。法国索朗日·布朗摄于 1966 年。

194 街头即景 民居门前妇女正在洗衣，行人路过，有的步履匆匆，有的驻足说话。法国索朗日·布朗摄于1966年。

195 杂货商店 店堂里堆满了煤炉、竹篮、板刷、鸡毛掸、安全藤帽等生活用具，显得十分拥挤。法国索朗日·布朗摄于1966年。

196 桥堍小摊　妇女出售食物，一位买者正在查看秤杆上显示的分量。醒目的是小贩凳子上用稻草捆扎的东西，苏州人称之为"焐窟"，专门用于食品保暖。法国索朗日·布朗摄于阊门内东中市崇真宫桥堍。

197 五十七粮店　20 世纪 70 年代，道前街第五十七粮店全心全意为人民服务的事迹成为全国学习的榜样。图为该店先进事迹展览馆。

198 人民路　人民路接驾桥南街景，马路两侧绿树浓荫，交通隔离墩排列整齐醒目，北寺塔近在眼前。史蒂文·维克摄于 1983 年。

199 人民路　位于因果巷与范庄前路段，图中建筑即苏州友谊商店。摄于 1989 年。

200 察院场 左为苏州邮电大楼，位于景德路一侧；右为苏州第一食品商店，位于观前街一侧，街上的出租车都是桑塔纳小轿车。摄于 1993 年。

201 察院场俯瞰 工业品商场和美罗时装城是苏州人对当年察院场的记忆。摄于 1995 年。

202 观前街西 1997 年香港回归时的观前街。

203 玄妙观 路人三两，闲人逗留，环境清净，偶尔还有自行车骑过。摄于 1983 年。

204 正山门　1930 年观前街拓宽，玄妙观正山门两侧建了两座三层商业楼房，后来西侧
　　　为土特产商店，东侧为友谊商店。1999 年观前地区更新改造，这两幢建筑被拆除。

205 观前街　冬日雨天，树木凋零，街上却依旧熙熙攘攘。位于观前街 27 号的新乐面
　　　店店招十分亮眼，旁边是苏州瓷土公司门市部，招牌为"中国高岭土公司"。美国
　　　比尔·霍克摄于 1988 年。

206 乾泰祥　知名绸布商店，位于观前街与宫巷口，与玄妙观正山门隔街相对，创建于清同治年间，1999 年观前更新时该建筑被拆除。

207 宫巷北口　宫巷北起观前街，南至干将路。唐宋时玄妙观曾名紫极宫、开元宫，故名。摄于 1999 年观前即将更新之际。

208 209 宫巷南口　　上图为观前宫巷南端街景，下图为宫巷南首与干将路（旧属松鹤板场）交会处街景。摄于 1992 年。

210 人民点心店 位于察院场东北，是建于 1965 年的人民旅社办的一家餐饮店铺，沿观前街一侧设有边门，该店对面即邮电大楼。

211 苏州食品商场 位于人民路察院场，专门经销糖、酒、烟、食品，也曾是苏州糖酒烟总公司和苏州食品总公司的驻地。

212 人民商场 1934 年建成开业，原名国货公司，20 世纪 50 年代初改为苏州人民商场。1993 年扩建人民商场南营业大楼，1995 年再次扩建。摄于 1993 年前。

213 自行车寄存处 20 世纪 90 年代之前，市民出行喜欢骑自行车，北局小公园位于观前中心地段，成为自行车停靠寄存的最佳地点。

214 雨天候车 临顿路观前街口北，曾经是 2 路和 4 路公交车的站台，候车的人撑着雨伞东张西望。沿河下塘是井巷和清洲观前的民居建筑，那一堵长长的黑色墙面，如今都已成为商铺店面。美国比尔·霍克摄于 1988 年。

215 苏州文庙 文庙曾经被长期占作厂房、课堂、宿舍、仓库等，1978 年 5 月动工陆续整修，同时筹建苏州碑刻博物馆。摄于 20 世纪 70 年代。

216 长洲县学文庙 长洲县学南宋时创立于旧学前，明嘉靖年间迁至新学前址，清雍正三年（1725）后为长洲、元和县学，今为平江实验学校。摄于 20 世纪 70 年代。

217 自行车流 20世纪80年代，沐浴着初升的阳光，骑自行车上班是城市的一道靓丽风景线。日本斋藤康一1985年摄于十全街相王弄口。

218 养育巷 南起道前街，北接中街路。原路宽约2米，20世纪50年代拓成8米。图为养育巷太平桥中段街景。摄于1993年。

219 十全街东 十全街东段街景,路边手推车上方的水泥柱子处,即为带城小学校门。摄于1972年。

220 十全街西 位于南园宾馆西侧,那时候苏州的大街两侧店铺很少,路上行人也不多,城市显得很安静。摄于20世纪80年代初。

221 南林饭店 在滚绣坊22号,1952年初创时,由七幢私人别墅改建而成,为市政府招待所。1955年属市交际处管理,1970年扩建和整修宾馆设施。是接待国家元首、外交使团为主的庭院式宾馆。摄于20世纪80年代初。

222 定慧寺旧址　1954 年有关部门在定慧寺巷 35 号建立苏州市塑料研究所实验厂，后改为塑料七厂。1996 年沧浪区 37 号街坊进行改造，政府落实宗教政策，将厂址归还佛教单位，并在此重建了定慧寺。美国出目里利吕井摄于 1983 年。

223 街坊改造　1995 年 11 月 18 日，被列为市区第一批街坊改造实事工程之一的 37 号街坊解危安居工程正式启动，工程于 1999 年全面竣工。图为改造后的定慧寺巷街景。

224 铁瓶巷 西接镇抚司前，东至人民路乐桥塅，相传因有仙人枕铁瓶卧于此而得名。干将路工程时巷废。摄于1993年。

225 镇抚司前 东接新春巷，西至养育巷，路宽4.5米，因明代镇抚司衙门（明代专门管理刑狱的衙门，衙址曾为苏州湖笔厂）设于此，故名。干将路工程时巷废。摄于1992年。

226 言桥堍　言桥位于五卅路北端，图中右侧旧为松鹤板场路段，马路对面即诗巷。摄于 1992 年。

227 干将路俯瞰　干将路乐桥至言桥段街景，原称干将坊巷。摄于 1992 年干将路改造工程启动前夕。

228 濂溪坊西口　濂溪坊东起苑桥，西至临顿路南首顾家桥，旧称资寿寺巷。宋代周敦颐（别号"濂溪先生"）居苏城资寿寺侧讲解道学，殁后郡人念之，故名。该路段后并入干将路。图为濂溪坊西端与临顿路交会处。摄于 1992 年。

229 狮子口　东起相门，西接新学前，1982 年该段并入干将路，原名遂废。图为狮子口与仓街交会处街景。摄于 1992 年。

230 南园建设　苏州古城三元坊以南称南园，因受历次战争摧残，成为农田野地。中华
人民共和国成立后人民政府开始进行建设。图中近处为刚刚建成的瑞光新村，远处
则是新建的南园工人新村和新市路上的苏州建筑工程技校。金石声摄于 1954 年。

231 南园田地　中华人民共和国成立后南园土地大都属于娄葑公社南园大队，以种植蔬
菜为主。美国出目里利吕井摄于 1983 年。

232 盘门城下　盘门城下西大街。1997 年
　　盘门景区进行建设，西大街被拆除。
　　美国比尔·霍克摄于 1988 年。

233 盘门横街　出入吴门桥的唯一通道，
　　街口搭建的过街竹构廊亭美化了市容。
　　美国比尔·霍克摄于 1988 年。

234 窥塔桥畔 盘门城下窥塔桥畔，村落田地，瑞光塔影。美国出目里利吕井摄于 1983 年。

235 瑞光塔畔 瑞光塔一直孤独地矗立，20世纪 70 年代建筑吊装队进驻此地与塔为伴。史蒂文·维克摄于 1983 年。

236 最后的田野 历史上苏州城南一直都是农耕土地，直到桂花公园和南园河两岸也开始建设，延续了千百年的南园田野全部消失。图为位于带城桥弄（路）南园河两岸这片古城内最后的田野消失之前的影像。摄于 1982 年。

237 石路东口　阊胥路与石路口，1994年12月此地拆迁建设，成为七层楼的亚细亚商厦。图为建设之前街景。

238 清真庆乐居　回民菜馆庆乐居，创建于抗日战争时期，1963年改为饼馒店，1985年恢复清真庆乐居，与其相邻的是阊门五福楼菜馆。

239 石路口俯瞰　亚细亚商厦建设之前阊胥路与石路转弯处商店、民居建筑群俯瞰。

240 石路商场　1958 年石路百货商店开业，后经改造成为石路商场。1999 年 9 月石路商场被拆除，改建成为石路市民广场。

241 阊胥路　南起胥门泰让桥，北至阊门城门口。图为阊门外吊桥东堍街景，2004 年阊门城楼重建时该路段重建。

242 243 虎丘老街

位于山塘街西段，东起望山桥，西至西山庙桥，长约200米，俗称虎丘老街。街上商铺林立，有正源菜馆、百货店、布店、照相馆、烟纸店、文具店、杂品店等，游人川流不息。上图为老街东段入口处街景，摄于1992年；下图为老街中段街景，图载《虎丘镇志》。

244 山塘饮食店 店铺门前设摊，供应小笼包、汤团、馄饨，锅灶上热气腾腾。摄于1992 年。

245 铁铃关 枫桥铁铃关下曾经是片住宅区，居民在家门口闲聊，等待着铅桶里的自来水放满。金石声摄于 1979 年。

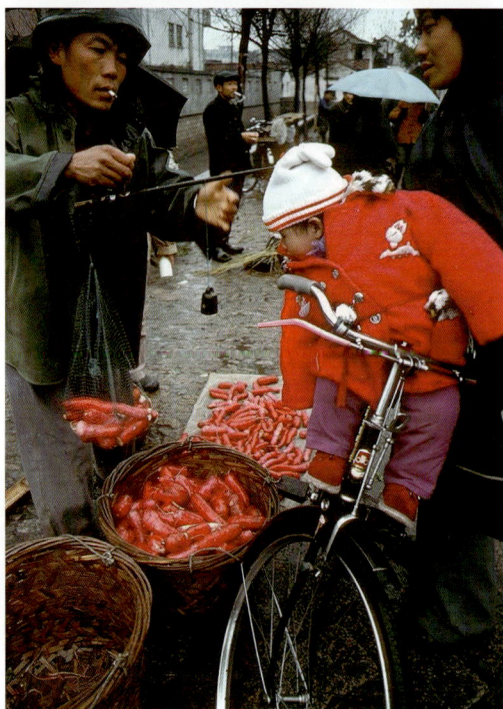

246 街头集锦　雨天骑车接送孩子、退休之后摆弄盆景、路边卖橘子、路边买萝卜。四图均由美国比尔·霍克摄于 1988 年。

247 雨天卖菜 农妇进城卖菜，身披雨衣，头戴箬帽，站立在马路拐弯口。美国比尔·霍克摄于 1988 年。

248 小人书摊 苏州人称连环画为小人书，街头巷尾经常设有这样的书摊，颇受少年儿童和青年人的喜欢。

249 店铺门前 小店门口，休闲聊天。日本斋藤康一摄于 1985 年。

250 服务摊位 观前住宅小区门前，为居民提供修补鞋子、安装拉链、自行车打气等服务的摊位。

251 卖水果　妇女路边设
摊，手执秤杆，在卖
水果。

252 卖鸡和蛋　农妇蹲在
路边卖鸡和鸡蛋，
脸上露出了憨厚的笑
容。摄于1983年。

253 流动摊贩　改革开放
之初，个体户会利用
手推车摆设流动摊位
进行销售。金石声摄
于1981年。

⬡水 ⬡城 ⬡特 ⬡色

　　20世纪80~90年代苏州水巷和护城河，特别是干将路工程启动之前城内第二横河的昔日风光和护城河里穿梭往来的运输船队，以及沿河繁忙的码头，如今这些景观都已成为历史记忆。

254 兴市桥河景　此条河道属于城区第二横河，即今干将河，西起长船湾新开河，东至相门外城河，途经通和坊、镇抚司前、铁瓶巷、干将坊巷、濂溪坊、新学前、狮子口。图为濂溪坊与石匠弄之间的兴市桥河景。摄于 1992 年 10 月干将路工程启动之前。

255 **白显桥河景**　属于城区第二横河，即盛家带河北端，图中近处为连接官太尉巷的白显桥，远处为连接石匠弄的兴市桥。

256 **濂溪坊河**　属于城区第二横河，濂溪坊段的凤凰街甫桥以东河景。

257 平江河头　属于城区第二横河，濂溪坊河与平江河交汇处。

258 渡子桥河景　属于城区第二横河，位于剪金桥巷北端，远处即跨学士河的升平桥。

259 状元桥河景 属于城区第二横河，位于通和坊与太平桥弄之间。

260 河道清淤 位于盛家带河，清淤船舶挖掘、吊装、运输，各司其职，相互配合。

261 河道疏浚　十全街河星造桥地段，民工正在疏通河道，清除淤泥和垃圾，临河道路
也正在铺设。法国保罗·科克摄于 1970 年。

262 排队上河滩　百姓洗衣到河边，有人正在洗，有人在等候，相互说笑着，好一幅温
馨的生活场景。金石声摄于 1983 年。

263 十全街河 临水建筑为吴衙场 25 号，位于东吴饭店门前。此建筑经过改造，现已成为啡舍咖啡馆，是当地传统建筑保护利用的一个亮点。美国出目里利吕井摄于 1983 年。

264 盘门水城门 盘门城下的西大街 1 号，原先是幢民国小洋房。图为该住宅临河搭建的附属用房。美国出目里利吕井摄于 1983 年。

265 鸭蛋桥浜　阊门外鸭蛋桥至上塘街普安桥段河道，路程虽短，但两岸民居建筑和石桥景观却很独特，其临水廊屋之美在苏州首屈一指。摄于 1979 年。

266 河街并行　流水人家，行人三两，此情此景，就如同烟雨梦中，勾起多少人对于故乡的思念。美国比尔·霍克摄于 1988 年。

267 虎丘山门前　山塘河码头台阶上，人们都在为生活而忙碌。法国索朗日·布朗摄于
　　1966 年。

268 老街临河　山塘街望山桥以西，俗称虎丘老街。这里的沿河民居建筑是山塘河出彩
　　的景观。

269 虎丘粮管所　位于虎丘山门对岸的虎丘粮食管理所仓库前，农民前来缴纳公粮。法国伊芙·阿诺德摄于 1979 年。

270 船过通贵桥　山塘河通贵桥，水泥农船穿桥而过。法国布鲁诺·巴贝摄于 1978 年。

271 山塘河游泳　那个年代，青少年在河里游泳，喜欢攀爬过往船只，然后再挂靠牵吊着另一艘船只返回，嬉闹玩耍，活力四射。法国伊芙·阿诺德摄于 1966 年。

272 上塘河西段　大运河枫桥至阊门段称上塘河，历史上一直都是大运河的主航道。图为上塘河广济桥西至上津桥段河景，是苏州知名的水巷景观。摄于 20 世纪 90 年代。

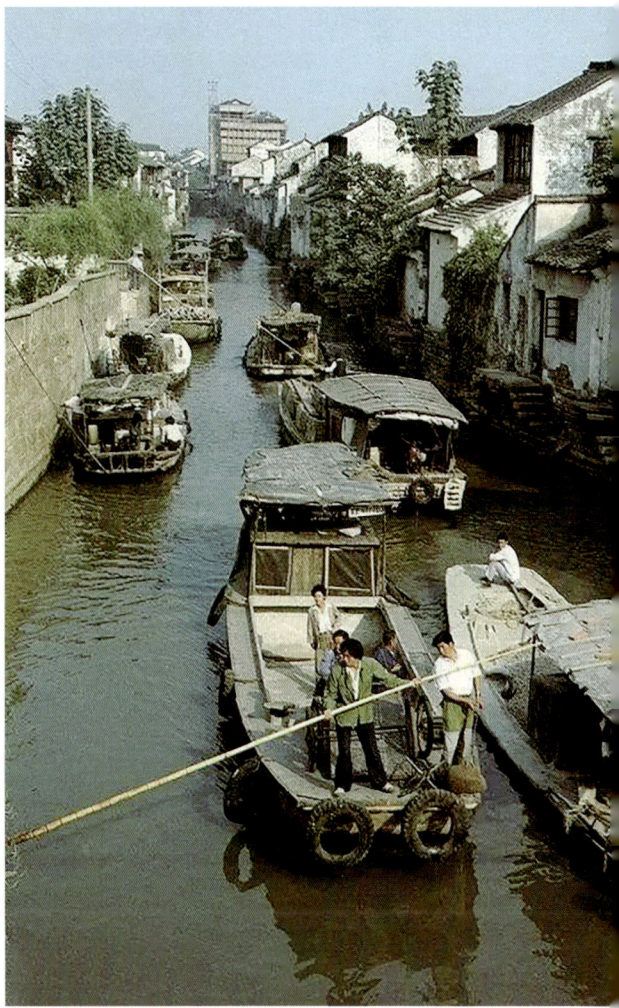

273 274 上塘河东段 即上塘河渡僧桥至广济桥段河景。左图可见沿河的传统建筑和石
阶踏步，十分精致，法国索朗日·布朗摄于 1966 年；右图左侧原有的临河传
统建筑已被拆除，而远处有幢楼宇正在建设之中，那是渡僧桥畔正在翻建的沐
泰山堂中药铺，摄于 1985 年。

275 水上销售　农民进城卖西瓜，就在河上靠窗交易。摄于 2000 年。

276 运菜进城　农船满载白菜，一路破浪向前，船上三人，形态各异。摄于 1983 年。

277 船上午餐 农民进城购买猪苗，中午时分就在船上吃饭、喝茶。

278 农船运输 满载货物，用力摇橹，一路前行。

279 阊门沙盆潭　阊门外山塘河、上塘河和护城河南北两段以及入城的中市河，五条水系交汇处旧称沙盆潭（俗称五龙汇阊）。图为阊门吊桥北面沙盆潭河景。法国索朗日・布朗摄于 1966 年。

280 胥门市场　苏州南门、阊门、娄门、胥门等城门口设置的农贸市场，允许经营粮油、蔬菜、土产、水产、家禽、蛋品、水果等，由此形成了苏、浙、沪、皖、鲁等商贩云集的大集市。图为胥门市场临河情景。摄于 20 世纪 80 年代。

281 胥门码头　农贸市场里的山地货行和水产果蔬的供应与水路运输关系密切。图为繁忙拥挤的胥门水运码头。摄于 20 世纪 80 年代。

282 吴门桥　该桥拱顶距正常水位 9 米，是苏州城区现存最高的单孔石拱古桥，有"步入吴门第一桥"之称。近处则是水关桥，位于盘门水城门外，跨内城河汇入外城河处。史蒂文·维克摄于 1983 年。

283 光裕里沿河　吴门桥下，农船拖轮川流不息，1927 年苏纶纱厂业主严裕棠在吴门桥畔建房 150 间，租给该厂职工居住，并为该地取名光裕里。史蒂文·维克摄于 1983 年。

284 吴门桥畔　盘门地区是苏州近现代工业的起锚之地，放眼望去，运河畔厂房建筑成片集中，前方是苏纶纱厂，右侧是针织内衣厂，即旧时苏经丝厂所在地。史蒂文·维克摄于 1983 年。

285 运河航道　苏州护城河属于大运河主航道，在过去的岁月里，浩浩荡荡的运输船队，就是这样日日、月月、年年地穿越过这座千年古城。美国出目里利吕井摄于 1983 年。

286 南门码头　1970 年在南门人民桥东新建客运和货运码头，1980 年又扩建雨棚 300 平方米。新站面对大运河航道阔、水位深，可停泊轮驳 40 艘左右。美国出目里利吕井摄于 1983 年。

287 码头林立　苏州是一座水运发达的城市，护城河里终日繁忙，两岸停靠着船只，蔚为壮观。美国出目里利吕井摄于 1983 年。

288 运河船忙　京杭大运河作为南北水上交通要道，各种船只川流不息，苏州段运河尤其拥挤。刘世昭摄于 1986 年。

289 290 相门大桥　东西跨相门外城河，1935 年因苏嘉铁路开通而建设，水泥桥墩，木板桥面。1937 年 8 月被日军飞机炸毁，仅存桥墩。1958 年重建为钢筋混凝土预制梁桥。1981 年加固，桥宽 9.5 米，长 129.8 米，十三孔。上图为相门大桥南侧，下图为北侧。干将路工程时此桥重建。

291 觅渡公路桥 　觅渡桥在南门路东端，跨运河，1975 年在觅渡古桥北侧建造公路桥。2002 年环古城风貌建设时在觅渡古桥南侧又重建新桥，旧公路桥拆除。

292 横塘运河 　京杭大运河横塘段，原有普福桥，俗称亭子桥，建于明代，清康熙年间重建。1969 年为改善运河通行条件被拆除，1972 年 10 月在原址重建双曲钢筋水泥拱桥。1991 年 7 月因运河拓宽，在原桥向北百米处建一人行便桥，仍名亭子桥。2004 年 9 月 1 日该桥被船撞塌。图载《横塘镇志》。

293 宝带桥　桥墩上写有"读毛主席的书，听毛主席的话"的标语。摄于 1966 年。

294 宝带公路桥　该桥于 1933 年苏嘉公路建设时建造，初为木桥。1976 年此桥重建为钢筋混凝土桥梁。摄于 1966 年。

295 枫桥运河 大运河枫桥段古河道与沿河民居。金石声摄于 1981 年。

296 浒墅关运河 京杭运河浒墅关段穿镇而过，镇区从北至南分别有北津桥、浒墅关桥、南津桥、兴贤桥将古镇老街相连。图为货运船正从浒墅关桥下经过，此桥系参考赵州古桥曲拱形式而建。

297 娄江 起自市区娄门与城河相接处，流经外跨塘、唯亭，经昆山正仪、玉山镇，入太仓境，称浏河，至浏河口入长江，全长53千米，是苏州城至昆山、太仓的主要航道。图载《唯亭镇志》。

298 吴淞江 古称松江，为太湖下游三大干流之一。今进水口在吴江松陵镇瓜泾口，流经吴县、昆山、嘉定、青浦以及上海市区，最后在外白渡桥以东汇入黄浦江。摄于1997年，图载《胜浦镇志》。

城 市 文 化

　　记录了苏州有关城市规划建设、文化教育、文物保护、对外旅游、体育锻炼、缅怀先烈、民俗节庆、慈善活动等方面的场景以及专家学者和民族宗教界人士的活动。

299 工人文化宫　1956年4月，市总工会利用沧浪亭附近南禅寺的大片空地筹建市工人文化宫，1958年5月1日正式开放。文化宫内活动设施有文化楼、职工业余艺校、游艺大楼、影剧院以及溜冰场、游泳池、健身房、露天舞台、宣传画廊等。

300 新艺影剧院　位于北局，前身为苏州基督教青年会电影部，建于1921年。1951年改名新艺剧场，1972年定名新艺影剧院，2000年观前更新改造时被拆除。

301 城规专家
陈从周（左二）
与苏联城市规划
专家在拙政园进
行会谈交流。金
石声摄于1956年。

302 专家考察
东德城市规划专
家雷台尔和同济
大学教师在苏州
考察水乡古镇。金
石声摄于1957年。

303 对外旅游 20世纪50年代起，外事、旅游曾经长期被混为一谈，以外事接待为主，专门旅游者很少。1978年开始，旅游被作为经济事业来发展，并注重发展各种旅游产品。图为旅行社接待外国旅游者参观苏州第一丝厂。摄于1980年。

304 国庆展览会 1984年9月25日至12月31日，为庆祝国庆35周年，中共苏州市委宣传部和苏州博物馆举办苏州三十五年来建设成就展览。

305 东吴校友　1993 年 5 月 7 日，苏州大学举行顾颉刚诞生 100 周年学术讨论会，图为出席会议的东吴大学老校友和学者，左起：费孝通、张梦白、钱伟长、雷洁琼和胡绳。

306 文物专家　文物专家和古建学人云集姑苏，探讨古城保护工作，并向古建先哲蒯祥墓致祭。讲话者为两院院士、时任建设部副部长周干峙，前排左三为故宫博物院高级工程师傅连兴、左四为古建筑专家杜仙洲、左五为文物专家单士元、左六为国家文物局古建筑专家组组长罗哲文，市建委主任严道明（前排右一）陪同。摄于 1995 年 6 月。

307 308 文化学者　文化学者和园林专家在环秀山庄考察。上图左起：中国苏绣艺术博物馆副馆长徐绍青、同济大学教授及园林建筑专家陈从周、上海图书馆馆长顾廷龙；下图左起：苏州园林管理处处长仲国鋆、园林和地方史学者王西野、苏州博物馆副馆长姚世英。

309 陆文夫　江苏泰州人，1948 年毕业于苏州中学，同年赴苏北解放区参加工作。1956 年发表短篇小说《小巷深处》并一举成名，曾主编《苏州》杂志。他的小说具有浓郁的苏州地方特色，在当代文坛独具风骨。左图为陆文夫与知名画家吴冠中在老苏州茶酒楼。

310 翰墨十老　1992 年 4 月 23 日，十老翰墨展在市文联艺术家展厅展出。十老为苏州 80 岁以上的书画篆刻家，下图左起为费新我、王西野、沈子丞、韩秋岩、祝嘉、吴进贤、张寒月、钱太初、谢孝思、瓦翁。

311 缅怀战友　　1941 年起，新四军教导员薛永辉率领太湖游击队在西华、光福、金墅、阳山、木渎一带开展抗日武装斗争，一直坚持到苏州解放。图为薛永辉和新四军老战士张振东等人祭扫光福吴县烈士墓。摄于 1986 年 3 月。

312 陈列馆揭幕　　位于相城区阳澄湖镇消泾老街的阳澄湖地区抗日斗争史迹陈列馆开馆揭幕。摄于 1985 年 8 月 14 日。

313 瞻仰先烈　1940年12月13日，新四军"江抗"部队与日伪军在湘城张家浜发生激烈战斗，毙伤敌四五十人，"江抗"部队卫生队长赵熙和排长薛春和等19人壮烈牺牲。图为湘城少先队员瞻仰张家浜战斗纪念碑。摄于1991年6月27日。

314 党性教育基地　2020年苏州市在体育场路4号中共苏州独立支部旧址上规划建设苏州市党性教育实训基地，向大众讲述苏州地方党史和革命史。

315 张家四姐妹　九如巷张家四才女，左为大姐张元和，一生痴迷昆曲，丈夫为昆曲名家顾传玠；右为二姐张允和，擅长诗书格律，丈夫为一代语言大师周有光；后为三姐张兆和，知名编辑，丈夫为知名作家沈从文；前为四妹张充和，工诗词、通音律、能度曲、善吹玉笛，才华出众，丈夫为德裔美籍汉学家傅汉思。

316 文化界三老　为振兴评弹和昆剧而呕心沥血的文化界三位老同志，从左至右分别为周良、钱璎、顾笃璜。摄于 1998 年。

317 民间文学　苏州市民间文学小组成立于 1961 年，金煦任组长。1979 年召开苏州市民间文学工作者协会第一次会员代表大会，金煦任理事长。1993 年民间文学工作者协会改称民间文艺家协会，潘君明当选为主席。图为苏州市知名民间文学工作者合影，左起：姚世英、马汉民、潘君明、金煦。

318 贝聿铭在苏州　2001 年 6 月，苏州市政府邀请世界著名建筑师贝聿铭担纲设计苏州博物馆新馆，新馆于 2003 年 11 月 5 日奠基，2006 年建成开馆。图为贝聿铭夫妇与亲友贝祖武家人合影。摄于 1989 年。

319 佛教长老　苏州佛教诸山长老合影，左起：寒山寺方丈性空、西园寺监院安上、市佛教协会会长和西园寺方丈明开、常熟兴福寺方丈妙生、灵岩山寺方丈明学。摄于1994年。

320 宗教界人士　宗教界人士座谈会，左起：天主教钱晋源副主教、马龙麟主教，伊斯兰教协会马宏仁会长，基督教"三自"爱国运动委员会主席姚天惠牧师、基督教协会会长包谷平牧师，道教协会蔡燮荣名誉会长、张凤麟会长。摄于1996年。

321 赵朴初到苏 中国佛教协会会长赵朴初到苏指导工作，寒山寺方丈性空法师陪同。
摄于 1984 年。

322 宝塔修缮 为修缮灵岩山寺多宝佛塔，明学方丈带领市文化、宗教部门领导和修塔
工程技术人员现场踏勘。摄于 1988 年。

323 三清殿重修 三清殿是玄妙观正殿，重建于南宋淳熙六年（1179），是国内现存体量最大的宋代大殿。1998年重修。图为三清殿维修工程竣工仪式现场。

324 寒山寺塔重建 寒山寺始名妙利普明塔院，开山之初即有宝塔。唐末五代时毁，北宋初重建，元末又毁。今塔于1995年12月11日竣工，其式样一改苏城宝塔宋式形制，而为唐代风格。

325 《姑苏晚报》首发　1994 年 1 月 1 日，全国第一张彩色晚报《姑苏晚报》首发现场。

326 爱心捐助　苏州书法界人士在人民商场现场挥毫献墨宝、义卖捐助福利院献爱心活动。执笔书写者右一为崔护、右二为沙曼翁、右三为卫东晨。摄于 1989 年。

327 虎丘庙会　根据山塘地区旧有的出会习俗，虎丘景区从 1994 年开始，在每年的 9 月中下旬至 10 月下旬推出大型游园活动"金秋虎丘庙会"。图为 1995 年虎丘庙会开幕式现场。

328 丝绸旅游节　1990 年 9 月 25 日，首届中国（苏州）丝绸旅游节暨经贸洽谈会在苏州举行。图为旅游节期间举办的东吴丝织厂丝绸时装展销供货会剪彩仪式现场。

329 石湖退田还湖 1970 年在"向湖底要粮"的口号下，石湖 83％的湖面（约 4050 亩）筑圩造田，致使石湖几成河流。从 1980 年起为保护环境，开始规划建设石湖景区。图为南石湖退田还湖放水典礼现场，剪彩者为谢孝思和黄铭杰。摄于 1984 年。

330 古城水巷游 20 世纪 80 年代，苏州陆续开发出许多具有浓郁地方特色的旅游项目。图为苏州古城水巷游开通仪式现场。摄于 1986 年。

331 苏绣博物馆　馆址原在环秀山庄。图为 1986 年 10 月举行的中国苏绣艺术博物馆开馆典礼现场，主持者馆长顾文霞。1988 年 12 月苏绣博物馆迁至景德路王鏊祠内。

332 捐资助学　美籍华人赵廷箴热爱家乡，于 1992 年捐资 1000 万港元重建苏州高级工业学校。图为建校奠基仪式现场。

333 体育运动会 1996 年 4 月至 11 月，苏州市第九届体育运动会召开，设 5 个组别 13 个比赛项目，近 5000 人参加比赛，有 89 人达到国家二级运动员标准。

334 元旦长跑 现代体育走的是竞技体育和群众体育竞赛以及体育健身结合之路，体育活动丰富多彩。图为市级机关干部举行元旦长跑活动。摄于 1995 年。

335 文物会议　中华人民共和国成立后，政府重视文物保护，建立管理机构，进行文物调查，征集维修和公布文物保护单位。图为市政府召开的全市文物工作会议现场。1985 年摄于东吴饭店礼堂。

336 文保宣传　文化局和文物管理部门领导上街宣传，提高市民群众对于文物保护的认识。1997 年摄于人民路乐桥文物商店门口。

337 古迹修缮论证会　苏州市文物保护管理部门和工业园区管委会召开斜塘土地庙维修开发论证会，会议决定双方共同拨款进行重修。摄于 1997 年 9 月。

338 吴门桥抢修　吴门桥部分拱券石被船舶撞落，文物维修人员正在吊装拱券石进行修补。摄于 1989 年。

339 真山考古　从 1992 年 11 月开始，苏州博物馆考古队联合吴县文管会对浒墅关真山古墓进行发掘，发现了一座春秋晚期吴国大墓，从出土的大量文物推断，主人或许是战国时期的一位吴王。真山考古曾获 1996 年全国十大考古新发现提名奖。图为考古发掘现场。

340 考古现场考察　市文化局领导和文管会人员现场踏勘真山考古时留影，从左至右分别为钱勤学、王仁宇、陆凯、周文祥、陈嵘、任荣兴。摄于 1994 年。

341 移建彩云桥　彩云桥位于横塘老镇北街梢，原桥跨大运河，1991 年 12 月因大运河拓宽，桥就近转向，迁建在胥江河上，1992 年 6 月 8 日竣工。图为迁建的桥基正在施工，远处建筑即横塘驿站。

342 重修越城桥　越城桥位于石湖北首，行春桥之东 50 米，因跨越来溪，又名越来溪桥，1992 年重修。

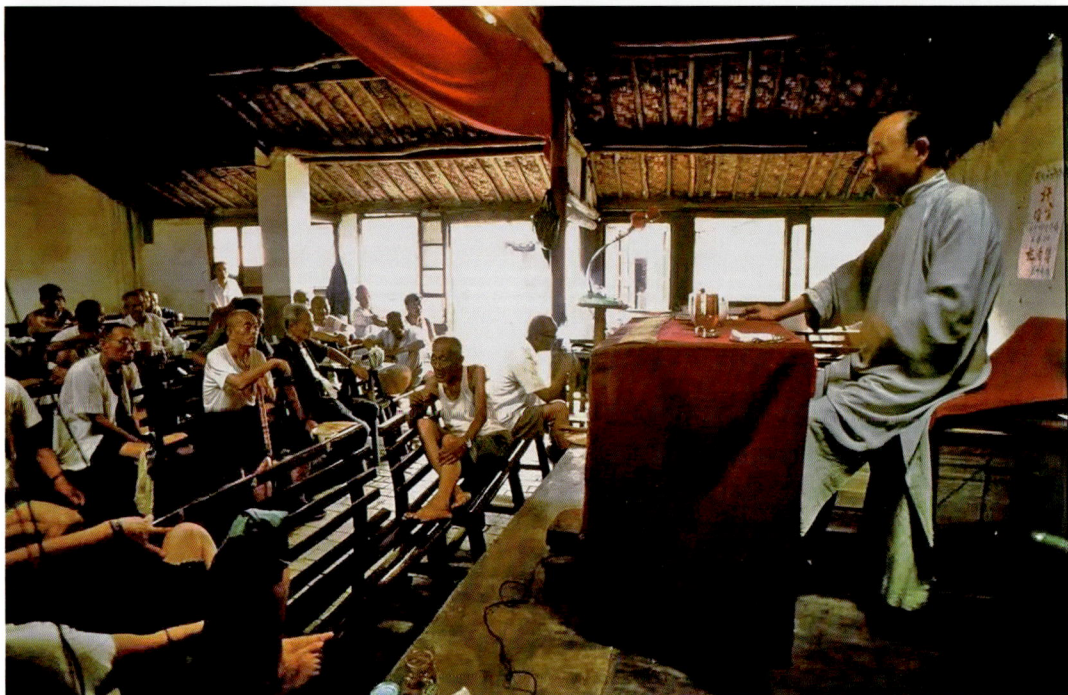

343 344 苏州评弹　明末清初用方言说唱的苏州评弹形成，评弹艺人以说为主，一人多角，注重模拟各种类型人物，噱、弹、唱、演多种艺术相结合，深受群众喜爱。上图为苏州评弹学校学生在上课，摄于 1985 年，图载《苏州》图册；下图为评弹书场，刘世昭摄于 1988 年。

345 端午节　吴门桥畔调龙灯，桥上挤满观众。摄于 1985 年，图载《苏州》图册。

346 纪念范仲淹　2016 年 3 月 17 日，中国范仲淹春祭典礼在天平山举行。

347 开馆仪式　2012 年 4 月 6 日，阊门寻根纪念地开馆仪式在运河畔的朝宗阁举行。

348 音乐演奏　观前地区整治更新工程开街仪式上，道教协会组织的道教音乐演奏。摄于 1999 年 9 月 25 日。

349 社区活动　山塘历史街区开展旅游活动，外国朋友和市民一起进行联欢。摄于 2006 年。

350 元宵灯会 苏州灯会之盛，宋代已闻名全国，古胥门元宵灯会是苏州传统灯会的典型代表，包含有灯彩制作、猜灯谜、放焰火和舞龙灯等丰富多彩的文化内容。图为农历正月十五沧浪区在胥门广场举行闹元宵文艺演出活动的场景。

351 姑苏书市　为庆祝苏州建城 2500 年，新华书店首次举办的姑苏书市。摄于 1986 年。

352 庆祝建城 2500 年　1986 年 10 月 15 日，苏州市在公园会堂隆重举行苏州建城 2500
年纪念大会，参加大会的有中央和省有关负责同志，日本池田、金泽等友好城市代
表团，港澳知名人士，在苏州的外国专家以及各界代表 1400 余人。

城 区 发 展

　　记录了改革开放以后苏州城市建设发展的足迹,从平门立交桥、狮山大桥、三香路以及干将路和环城马路开始,到街坊改造、历史街区保护,环古城河风貌建设、火车站重建以及沧浪新城、平江新城、金阊新城三个新城区的建设和城墙城门的恢复重建。

353 平门铁路立交　自清光绪三十二年(1906)沪宁铁路通车以后,苏州地区的行人和车辆穿越铁路,大都靠红绿灯和栏杆阻挡或放行。1986年苏虞张公路平门铁路立交建成,这是苏州建设的第一座铁路立交桥。图为平门桥重建和苏虞张平门铁路立交通车典礼现场。摄于1986年4月6日。

354 狮山桥建设　1987 年 9 月 25 日，市政建设重点工程新区狮山大桥破土动工，1990 年 9 月建成通车，大桥长 171 米，宽 24.6 米。

355 三香路　改革开放以后苏州开辟最早的城市干道之一，东以姑胥桥与道前街相接，西至狮山大桥通新区狮山路。"三香"之名源于三乡庙，后衍"乡"为"香"。1981 年 5 月此路开辟，1982 年至三香桥，1983 年至寺泾桥，1984 年至彩香桥，1987 年至狮山桥，全长 3192 米，宽 30~40 米。图为三香路狮山桥段。摄于 1987 年。

356 新村建设　为了改善市民住房条件，减少城区人口，保护古城风貌，自 20 世纪 70 年代起至 2005 年，苏州在城内外建设了许多居民住宅区，分别有解放新村、三香新村、钟楼新村、北园新村、二郎巷新村、新庄新村、里河新村、南环新村、苏安新村、盘溪新村、东环新村、航西新村、竹辉新村、彩香新村、金塘新村、彩虹新村、木杏新村、三元新村、养蚕里新村、湄长新村、清塘新村、新苏新村、永林新村、菱塘新村、胥江新村、玉兰新村、大龙港新村、友联新村、娄江新村、杨枝新村、东港新村、苏锦新村、相门新村、观景新村、翠园新村、宏葑新村、桂花新村、梅花新村、新康花园、寒舍别墅、嘉业阳光城、胥虹苑、长岛花苑、学士花园、福星小区等等。图为狮山桥运河公园东侧的三元一村、二村、三村、四村居民住宅区。

357 路桥建设　"八五"期间，即 1991 年至 1995 年，苏州加速推进市政基础设施和道路建设，新建、改建城市主干道 142.42 千米，建成了干将路、桐泾路、东环路、南环西路、南园路、竹辉路、金鸡湖路、滨河路、狮山路等城市环路和干道，拓宽了阊胥路、相门路、侉庄路、新市路，建成了干将、相门、竹辉、里双、胥虹、新市、杏秀、南园、乐桥等十座大型桥梁和立交工程，有效地改善了交通状况。图为拓宽之后的南园路、桐泾路、东环路、阊胥路。

358 干将路工程 全长 7.03 千米，横贯古城东西，连接园区、新区的干将路工程，于
1992 年 10 月动工，1994 年 9 月竣工。其中古城段长 1849 米，宽 50 米，两路夹一河。

359 解危安居工程 根据《苏州城市总体规划》，古城区启动了街坊解危安居工程。图为由市建委召开的解危安居工程动员大会现场，摄于1992年。

360 古宅新居 1988年以苏州市建委牵头，首先试验对典型的江南宅院十梓街50号民居进行更新：西部采取加固大修的办法对内部设施进行更新；东部则采取旧房拆除重建的方式，按江南民居的风格重新建造起院落式的三层楼房。之后又对山塘街480号、干将路144号、十全街275号进行了改造，为古城传统民居保护与更新走出了一条新路。图为古宅新居十梓街50号的宅院建筑。

361 街坊改造　1987 年苏州市根据"全面保护古城风貌"的方针,将古城区划分为 54 个街坊,于 1995 年启动了 10、16、37 号三个街坊的改造建设,并于 1997 年再次启动了 11、12、33、36、39、43 号等七个街坊的改造工程。图为 37 号街坊,东至叶家弄,西至凤凰街,南至十梓街,北至干将东路,建设时间为 1995 年至 1996 年。该街坊的改造完整地保留了古城风貌的内涵,使这条街成为既具风味,又集现代文化、商业、旅游于一体的城市风景线。

362 **10 号街坊改造** 10 号街坊东至皮市街，西至人民路，南至白塔西路，北至西北街，1995 年至 1999 年分四批进行了改造建设。1999 年 10 号街坊被省建委授予"江苏省优秀住宅小区"称号。

363 **16 号街坊改造** 街坊改造是苏州实施古城保护的重要举措，16 号街坊东至中街路，西至汤家巷，南至景德路，北至东中市，建设时间为 1995 年、1996 年、1998 年。

364 **凤凰街改造** 1995 年起，凤凰街自北向南实施旧城改造工程，沿街建成仿明清建筑商铺。1997 年底位于凤凰街与十梓街口的凤凰商厦竣工，翌年通天府大酒店率先在凤凰街 262 号落户，随后万家灯火、广东润记等接踵而至，至 1999 年共有酒楼、火锅店、小吃店等 40 多家。

365 观前更新 1999年1月6日,观前地区整治更新工程启动,封闭施工近9个月,完成"两街两块"(观前、宫巷,玄妙观、小公园)改造。一批名特商店、老字号得到了保护,13家直属商贸企业异地重建,25个商业网点立面改造,50个网点重新装修。图为1999年9月25日举行的观前商贸区整治一期竣工暨开街仪式现场。

366 庆祝国庆　为庆祝中华人民共和国成立 50 周年和 1999 中国苏州国际
丝绸节开幕，市政府组织了盛大的彩车巡游。1999 年 10 月 1 日摄于三
香路。

367 园林申遗　1997 年苏州古典园林被列入《世界遗产名录》，拙政园、留园、狮子林、网师园、沧浪亭、耦园、环秀山庄、艺圃、退思园共计 9 处古典园林先后被列为世界文化遗产。图为苏州古典园林申报世界文化遗产新闻发布会现场。

368 第 28 届世遗大会　2004 年 6 月 28 日至 7 月 7 日，第 28 届世遗大会在苏州召开，这是中国政府首次举办联合国教科文组织世界遗产委员会最高级别的国际会议，主会场设在胥门万年桥畔新落成的规划展示馆。

369 平江历史街区 2002 年以迎接第 28 届世遗大会在苏州召开为契机，市委、市政府启动了平江路风貌保护与环境整治试验性工程，2005 年平江历史街区获联合国教科文组织颁发的亚太地区文化遗产保护奖提名表扬。

370 山塘历史街区 山塘保护修复工程于 2002 年 6 月 18 日启动，先后经过三期工程进行修缮。2015 年山塘历史街区被住建部、国家文物局评为首批中国历史文化街区。

371 南浩街工程　1998 年 4 月 22 日，南浩街北段解危安居工程启动，600 米的街上建有 150 套明清风格的商业用房，该地区居民的居住面积也由原来平均每户 29 平方米增加到 65 平方米。原在阊门下塘街的福济观（俗称神仙庙）亦移建于此，并辅之以"南浩十八景"的人文景观。图为南浩街上举办的"轧神仙"活动。

372 阊门寻根纪念地　环古城风貌建设中，阊门吊桥北侧的方基上（沙盆潭）新辟百间楼和重檐八角亭，以丰富沿河景观。2009 年金阊区人民政府根据明"洪武赶散"事件，启动了阊门寻根纪念地建设，为当年移民的后裔们找到苏州的归宿，寻根纪念地由望苏埠、朝宗阁、寻根驿站三部分组成。

373 阊门重建　苏州城墙历史悠久，然而在1958年大部分却被拆除。阊门位于古城西北，为苏州八城门之首，2002年苏州启动环古城风貌保护工程，恢复重建城门城墙成为一项重要的内容，2004年阊门城门得以重建。

374 西中市整治　2008年苏州市政府对西中市进行整治，保护沿街31幢民国建筑，增加文化元素，改善商业氛围，让阊门城下这条老街再度充满历史的韵味。

375 石路商业区 1993 年金阊区对石路老商业区进行大规模改造，拆旧更新，拆小并大，先后建成 20 幢现代化商业大楼。市、区各有关部门在 1995 年以后，也在石路地区兴建了一批大型商场。1999 年 9 月又拆除原石路商场，改建成石路市民广场，石路地区已成为与城内观前街齐名的苏州市民的购物休闲中心。

376 盘门姑苏园　1997年市委、市政府决定对盘门三景地区进行改造，1998年10月开工，至1999年9月竣工。工程耗资2亿元，搬迁居民700户、单位近10家，修复古城墙，整治瑞光塔院，并重建四瑞堂、伍相祠、放生池，还修造丽景楼、双亭廊桥、水濂洞等诸多景点，是苏州旧城改造与保护的一项重要项目。

377 水巷恢复　中张家巷河东连护城河，西接平江路，原有河道于 1958 年被填平。2005 年立项恢复，历经坎坷，于 2020 年终于重现。

378 环古城风貌保护　2002 年为迎接第 28 届世遗大会在苏州召开，苏州市决定启动环古城风貌保护工程，目的是将环古城河打造成为"历史画卷、绿色项链、黄金游线、景观精品、交通走廊、防洪屏障"。经过建设，环古城河成为苏州旅游新亮点。

379 南门人民桥　南门地区为苏州水陆交通枢纽，客运轮船码头和长途汽车站都在人民桥堍。2002 年结合环古城河改造工程，人民桥南堍至团结桥形成新的商业街区，人民桥也被建设成为长廊飞檐景观桥梁。

380 盘门沿河　盘门景区建设时在将原先的瑞光新村、西大街南段和南园大队幸福村以及吴门桥北的光裕里等地拆迁之后，沿城墙建设了画锦坊住宅小区。图为盘门城墙内小区侧影。

381 胥门地区　在环古城河风貌工程中，胥门外万年桥大街、胥门路以及盛家弄、永平里、泰让桥弄等地被拆迁，重建三孔石拱万年桥，新建规划展示馆。2004 年 6 月 28 日第 28 届世遗大会在此召开，2005 年 5 月规划展示馆正式对外开放。

382 南浩街临河　南浩街北段解危安居工程沿河建筑景观。摄于 2002 年。

383 人民大会堂 苏州市人民大会堂位于道前街（原属府前街），为民国吴县县衙以及中华人民共和国成立后吴县招待所旧址，1994 年动工，1997 年建成。

384 街巷整治工程 2007 年苏州市区街巷暨老住宅小区综合整治工程在沧浪、平江、金阊三个区同时开工，城区街巷综合整治的总体标准是：道路平整、通行顺畅、雨污分流、排水畅通、路灯明亮、绿化点缀、线路梳理整齐、立面整饰有序、市政设施配套、巷标门牌规范、生活设施完善、居住环境改善、彰显风貌特色。图为整治工程开工仪式现场。

385 整治工程竣工　图中分别为整治工程竣工之后的金阊区前小邾弄、平江区邾长巷、沧浪区的同德里和十全街河。

386 车站工程开工　火车站地区综合改造工程启动，工程项目除新火车站建设工程之外，还有火车站北广场长途换乘枢纽、火车站南北广场以及苏站路以北广场地下的空间开发等项目。摄于 2006 年 10 月 28 日。

387 新火车站建设　2007 年 11 月，苏州启动新火车站建设工程。图为新火车站建设工地。摄于 2012 年 12 月 6 日。

388 蛇门重建 2003 年桂花公园内恢复了一段城墙，并建有城门，作为运河景观，当时称作"古城堞影"。后来根据历史记载和方位特征，将该城门命名为蛇门。

389 相门重建 位于城东，旧称匠门，后讹"匠"为"相"，宋初被填塞，1935 年因建苏嘉铁路重开相门，2012 年重建相门城门城墙。

390 平门重建 位于苏州城北,古城门久塞,1928年为便利交通重辟平门,1958年被拆除,2012年重建。

391 娄门重建 2013年12月,苏州古城墙保护修缮二期工程中的娄门段、姑胥桥段和齐门段三段古城墙竣工。图为娄门城门城楼重建情景。摄于2013年11月18日。

392 汽车南站　位于南环东路 601 号，于 2003 年 4 月动工，2004 年正式投入使用，是苏州建筑风格最新颖、规模最大的汽车客运站，建筑面积 3.95 万平方米，有上下两层候车大厅和地下停车场。

393 平江新城　2004 年起苏州古城区三大新城——平江、沧浪、金阊新城相继开始建设。平江新城北依沪宁高速，南接苏州古城，东靠工业园区，西邻高新区，规划面积 10 平方千米，为苏州最重要的交通枢纽中心和市域次级商务商贸中心。

394 沧浪新城 北至南环西路，南至石湖，东至盘蠡路，西至京杭大运河，规划面积5.6平方千米。功能定位：以苏州古城为依托，与国际教育园区和石湖风景区及京杭大运河景观带相联系，以创业、居住、商务和高科技研发为主要功能的城市副中心。

395 金阊新城 占地面积11.2平方千米，东至沪宁高速与相城区相连，南沿苏虞张公路和虎丘风景区相邻，西临京杭大运河与高新区隔河相望，北接苏州高新区浒墅关工业园区。金阊新城依托古城，全力打造现代商贸物流中心和主城区商业副中心。

新 区 园 区

1992年，苏州在市区西部设立新区，形成国家高新技术产业开发区；1994年，在古城区东创办中新合作工业园区。苏州由此形成了"一体两翼，古城居中"的城市格局。

苏州国家高新技术产业开发区

1986年，国务院批准苏州城市总体规划，确定"古城新区、东城西市"的规划布局。提出"全面保护古城风貌，重点建设现代化新区"的城市建设方针，在古城西侧开辟面积为26.48平方千米的现代化新区，其中京杭运河以东11.37平方千米、运河以西15.11平方千米。

1992年3月1日，成立苏州市人民政府河西新区管理委员会，与中共苏州市委河西新区工作委员会两块牌子、一套班子，全面领导苏州新区范围内的开发建设、社会管理；同时，决定将郊区横塘乡所属的永和、星火、曙光、落星、何山、狮山6个行政村划交河西新区管辖。11月，国务院批准苏州河西新区为国家高新技术产业开发区。1993年4月2日，苏州河西新区更名为苏州新区。2002年9月，苏州市委、市政府将虎丘镇、白洋湾街道及横塘镇的部分村从虎丘区划出，同时划入相城区和吴中区的通安镇、东渚镇和镇湖街道，成立苏州高新区（虎丘区）。

1992年3月，苏州市河西新区的区域范围：东濒京杭运河，南抵向阳河、横塘乡北界，西达狮子山、何山，北接吴县枫桥镇南界。区域面积6.8平方千米。1993年4月，苏州新区境域四至：东濒京杭运河，南抵向阳河、横塘乡北界和木渎镇，西临木渎镇和枫桥镇，北接枫桥镇。区域面积16.8平方千米。1994年6月10日，经江苏省人民政府批准，将吴县的枫桥镇，木渎镇的兴隆、新升、明星、石城4个村，郊区横塘乡的永和、狮山、何山、曙光、星火、落星、黄山7个村划归苏州市管辖，由苏州新区管委会行使行政管理职能。2002年9月，苏州高新区（虎丘

区）境域：东傍古城区，西濒太湖，南邻吴中区，北毗相城区。总面积223.36平方千米。下辖
浒墅关、通安、东渚3个镇和狮山、枫桥、横塘、镇湖4个街道，下设浒墅关、通安、东渚3个
经济开发分区及出口加工区。

396 新区俯瞰 大运河侧畔，西部群山环抱下的新区显得格外美丽壮观。

397 狮山路建设　　狮山路连接狮山大桥与苏州新区，全长 440 米。1989 年 1 月 10 日开
工建设，1990 年 11 月 7 日建成通车，对新区建设起着重要的枢纽作用。摄于 1992 年。

398 启动区建设　　1991 年新区基础设施建设 1 平方千米启动区基本实现"五通一平"（通
电、通水、通气、通信、通车、场地平整）。1993 年实现区域内道路"六纵六横"
环通联网，主干道发展到 50 多千米，供电、通信、污水、雨水、自来水、燃气等
各种管线工程同步完工。摄于 1994 年。

399 400 配套设施建设　1992 年新区建设进入实质性开发阶段，全面开发建设 6.8 平方千米，10 幢（共计 11 万平方米）标准厂房交付使用，建成 22 万平方米的狮山住宅小区。区域内定点建设 18 层以上的高层建筑 37 幢，最高的 48 层 180 米。

401 主干道建设　1994 年 7 月，新区面积扩至 52.06 平方千米，完成建设"六纵六横"70 千米的主干道，平均路幅 40~60 米。至 1996 年，完成 25 平方千米区域道路的环通，并打通何山路至市区、长江路至 312 国道及沪宁高速公路的通道。

402 建设中的新区　从狮子山俯瞰建设中的新区，苏州乐园刚刚竣工，狮山路两侧的建筑和街市尚未形成。摄于 1997 年。

403 苏州乐园　位于狮子山麓，占地 94 公顷，分水上世界和欢乐世界两部分。图为欢乐世界，建于 1997 年 2 月，分为苏迪广场、狮泉花园、欧美城镇、儿童世界、苏格兰庄园、威尼斯水乡、未来世界和百狮园等区域。狮子山麓的苏州乐园在经营了 20 年之后，于 2016 年夏闭园，移至大阳山麓全新开放。

404 水上世界　水上世界在狮子山南麓，建于 1995 年 7 月，占地 8 公顷。2016 年水上世界闭园，位于大阳山脚的苏州乐园森林水世界全新开放。

中新合作苏州工业园区

　　1993年11月23日，苏州市委决议成立苏州新加坡工业园区筹备委员会。1994年2月11日，国务院批复同意江苏省苏州市同新加坡有关方面合作开发建设苏州工业园区。1994年4月，江苏省政府批准苏州市政府上报的区划调整方案，将娄葑、斜塘、跨塘、胜浦和唯亭一乡四镇成建制划归苏州市政府管辖，由苏州工业园区筹委会行使行政管理职能。经国务院特区办会同有关部门核定，中新合作开发的80平方千米范围是西自东环路以东600米处的虞苏杭高速公路、北至娄江河、东到青秋浦、南沿苏沪机场路。中新合作区的周边乡镇包括娄葑乡、斜塘镇、跨塘镇、胜浦镇和唯亭镇。1994年9月，中共江苏省委和省人民政府明确，在苏州工业园区分别设立党的工作委员会和管理委员会，暂定为副地市级建制。1995年2月14日，苏州工业园区管委会成立。作为苏州市政府派出机构，代表苏州市政府在园区行使行政管理权，为副市级建制。2月18日，中共苏州市委成立苏州工业园区工作委员会，作为苏州市委派出机构，与园区管委会合署办公。园区党工委对园区各级中共党的组织及周边地区乡镇、村党的组织实行领导和管理。1996年6月，吴县郭巷镇8个村民小组划归园区娄葑乡管辖。1997年5月，金鸡湖养殖场划入带来7.18平方千米金鸡湖水面。2002年8月，以东环路为界，东环路以东5个社区划归娄葑镇管辖；东环路以西地域划出，归沧浪区和平江区管辖。2004年9月，吴中区甪直镇车坊居委会和朝前等9个行政村划归娄葑镇管辖。

405 园区俯瞰 工业园区现代大道与金鸡湖玲珑湾俯瞰。摄于 2006 年。

406 园区开发启动 1994 年 5 月 12 日，苏州工业园区首期开发启动典礼在金鸡湖畔工地举行。

407 园区管委会 1993 年 11 月 23 日，苏州新加坡工业园区筹备委员会成立。1994 年 1 月 2 日，园区筹委会进驻金鸡湖西的金鸡湖度假村旧址办公。1995 年 2 月 14 日，苏州工业园区管委会成立，办公地点不变。2005 年 12 月底，园区管委会移驻现代大道 999 号现代大厦。

408 民居拆迁 园区首期开发建设时，娄葑乡农民住宅小区正在搬迁。摄于 1994 年。

409 工程开工　至 1997 年底，工业园区首期 8 平方千米基础设施建设基本完成。图为基础设施建设中最早进行的填土工程开工仪式现场。摄于 1994 年。

410 道路建设　工业园区与苏州城区之间的道路正在建设之中。

411 土地填高 工业园区地处阳澄淀泖地区，地势低洼，历史上曾多次大面积遭受水淹，1993 年中新两国规划专家经反复论证，决定在园区总体规划中设定填土方案。首期开发区填高 1 米，填土 10 万立方米，土源来自市郊上方山。2001 年起金鸡湖以东地域开始填土，采用湖底清淤取土方式解决土方资源。是年 5 月起，对独墅湖、阳澄湖、金鸡湖等湖泊相继实施围湖清淤取土，至 2005 年完成填土 7987 万立方米。图为园区填土俯瞰场面。摄于 1994 年。

412 中央公园　工业园区星明街与苏州大道交会处的中央公园，照片前方的海关大楼为园区所建的第一栋高层建筑。摄于 1999 年。

413 东方之门　位于金鸡湖畔的工业园区地标性建筑东方之门正在建设之中。摄于 2012 年。

下册

乡 村 记 忆

乡 村 记 忆

农耕副业 / 民间文化 / 乡村生活 / 水乡服饰 / 建筑掠影 / 水乡甪直

苏州地处长江三角洲冲积平原，地势低平，土壤肥沃，物产丰富，享有"鱼米之乡、丝绸之府"的赞誉。农业历来以种植水稻、麦子、棉花、油菜为主，兼以蚕桑、茶叶、畜禽、水产种植、养殖业为副。还有各类瓜果蔬菜，四时八鲜，特产较多。隋唐时，苏州所产稻米不仅供应京师，还转运辽东。宋代则有"苏湖熟，天下足"之说。唐宋时，苏州已成为全国的蚕桑生产中心，丝织业随之兴盛。宋元时代北方移民南下，棉、麦、粟、豆等旱地作物已在太湖流域引种，明清时则开始种植双季稻。苏州各县（市）历史上有纺织、印染、编织、酿造、铁器、成衣等手工业作坊，匠铺遍及城乡各地；其他还有养蜂、刺绣、花边、编织、席草等家庭副业。苏州农村民间文化也丰富多彩，中华人民共和国成立后，在继承中不断发展和创新，吴县的吴歌、常熟的白茆山歌等群众喜爱的地方曲艺，都在传统表演形式中赋予时代新内容。本篇共分"农耕副业""民间文化""乡村生活""水乡服饰""建筑掠影""水乡甪直"六个章节，图片主要来源于苏州市、县（区）、乡镇三级志书以及知名摄影师。

农 耕 副 业

苏州自古有着精耕细作的优良传统，是全国著名的农业高产稳产地区。中华人民共和国成立后更是不断兴修水利，扩大生产规模。改革开放以后不仅开展多种经营，实现了农、林、牧、副、渔的全面发展，同时还发展壮大了乡镇企业。

414 莳秧　夏至前后，水稻秧苗移栽，就是莳秧，俗称种秧或者插秧。为抢季节，插秧风雨无阻，雨天穿蓑衣戴箬帽照常进行。莳秧既要讲速度，更要讲质量，扦插深浅要适度，插得太深转青慢，太浅会浮苗。摄于 1979 年。

415 陈永康在苏州 1962 年 4 月，江苏省农科院副院长、全国农业劳动模范陈永康到吴县郭巷公社长桥大队进行水稻高产示范试验，之后辗转望亭、龙桥等地，历时数载，极大地推动了吴县水稻高产栽培技术的传播。图载《吴县志》。

416 铲秧 传统的水稻秧田采用水田育秧、拔秧，后来推广双季稻，秧田一度旱作旱育，将拔秧改成了铲秧。图为长青乡铲秧场景。图载《虎丘镇志》。

417 拖拉机插秧 1975 年推广太仓插秧机厂生产的"苏州 -74 型"机动插秧机，成为苏州地区使用的主要机型。1980 年摄于昆山蓬朗。

418 拖拉机收割 1984 年至 1987 年苏州地区先后引进国产和日本产的联合收割机。图为太仓茜泾乡马北村收割机工作场景。

419 水稻脱粒　旧时农民用稻桶、稻床脱粒，俗称掼稻。接着用脚踏轧稻机，后来轧稻机装上了马达。图为工业园区开发前娄葑乡农民水稻脱粒和用竹匾筛稻谷的场景。

420 打谷场　水稻脱粒、稻草堆放、稻谷装箩场景。摄于 20 世纪 90 年代工业园区开发前的娄葑乡。

421 交售粮食 农民用船运输稻谷，再将稻谷装入麻袋和箩筐，肩扛上岸，交售粮食。图载《吴江县志》。

422 粮食入库　农民交售公粮后，管理人员将稻谷运入粮囤。图载《胜浦镇志》。

423 油菜种植　20世纪80年代，太仓璜泾新华大队油菜高产栽培经验在全县进行了推广。图为璜泾乡油菜田。图载《太仓县志》。

424 采摘棉花　太仓沿江地区地势高，以旱作为主，自元初即开始引种棉花，所产棉花颇受商贾欢迎。图为棉花采摘场景。图载《太仓县志》。

425 棉花入库　常熟种植棉花始于元末明初，盐铁塘、福山塘以北的沿江地区以植棉为主。图为棉花收购情景。图载《常熟县志》。

426 养蚕 江南地区养蚕始于新石器时代晚期，春秋战国时期吴楚曾发生"争桑之战"。唐宋以后沿太湖村落即遍地栽桑，家家养蚕，是全国重点蚕区。图为农村养蚕场景。图载《吴江县志》。

427 收茧 民国时期蚕结茧均用稻草做成灯簇（帚头），1950 年推广蜈蚣簇（柴龙），1983 年后吴江庙港公社试行方格蔟，提高了蚕茧产量，以后此法便进行了推广。图为庙港开弦弓村利用方格蔟结的茧。

428 采茧　传统养蚕结茧，采用的是用稻草做成灯簇（吊头）、伞形簇以及蜈蚣簇（柴龙）等方法，后推行方格簇。1987 年后仍以蜈蚣簇为主。图为采用蜈蚣簇（柴龙）结茧之后的采茧场景。

429 430 排灌工具　人力水车、牛力水车、风力水车，统称"三车"，又名龙骨车。苏州农村的人畜力水车始于唐代，风力水车则起自元初。由于机电灌溉的崛起，20 世纪 60 年代中期"三车"被逐步淘汰。图为风力水车和人力水车。

431 挖塘藕 苏州地区栽藕历史悠久，相传春秋战国时期，吴王曾携西施在东太湖畔赏荷采莲。按种植水面可分田藕（浅水藕）和塘藕（深水藕）两种，立秋左右开始采收嫩藕，直至翌年清明。图载《苏州郊区志》。

432 塘藕收购 娄葑地区盛产塘藕，收获季节满场堆积。

433 采红菱　苏州在唐朝已普遍种菱，菱的品种甚多，其中以长桥水红菱、黄埭元宝菱和甪直东塘小白菱最为著名。每年清明后播种，处暑、白露间采收，每隔一周采一次，6~7 次结束。图载《苏州郊区志》。

434 采芡实　去壳后的芡实肉俗称鸡头米。可煮熟食用，细腻糯黏。晒干后可以入药，有补中益气，滋养强身的功效。芡实宜种于水深 2~3 米、水位稳定、流速小的内塘沤田或浅水湖沼中。图载《娄葑镇志》。

435 河蚌育珠　从 1974 年起，吴县利用池塘、河港、湖湾水面养蚌育珠。太湖珍珠具有光泽明亮、粒圆饱满、硬度高、弹性强等优点，珍珠生产遍及全县 37 个公社，珍珠外销数十个国家和地区，国际市场上有"太湖珍珠，天下第一"的美誉。图载《渭塘镇志》。

436 渔业捕捞　苏州淡水养殖品种主要有青鱼、草鱼、鳊鱼、鲫鱼、鲤鱼、花白鲢鱼等。1956 年省投资兴办中国水乡养殖公司江苏省常熟养殖场，辟昆承湖为渔区。图为昆承湖捕捞作业场景。图载《常熟市志》。

437 割芦苇 芦苇是水生植物，极易生长，每到冬季，需将枯死的芦苇割掉，以便于来年新生的芦苇生长。芦苇可编制芦席，制作筐和篮子，是很好的经济作物。图为娄葑村民在湖边割芦苇。

438 兴修水利 水利是农业的命脉，1977年开始修筑东、西太湖环湖大堤，经过8年奋战，至1985年全线修复。环太湖大堤的建成，为苏州古城及阳澄、淀泖、浦南3片洼地筑起防御洪涝灾害的屏障。图为吴县民工修筑太湖环湖大堤场景。图载《吴县志》。

439 采茶 苏州茶区主要分布在沿太湖的东山、西山，许多茶树都间种在杨梅、枇杷等
果园内。图载《东山镇志》。

440 制茶 碧螺春茶是手工制作，焙制茶
叶的燃料主要是木柴和松茅柴。图载
《东山镇志》。

441 采茶花 苏州虎丘是著名的茶花产地，
品种有代代花、茉莉花、白兰花等。图
为采摘茉莉花场景。图载《虎丘镇志》。

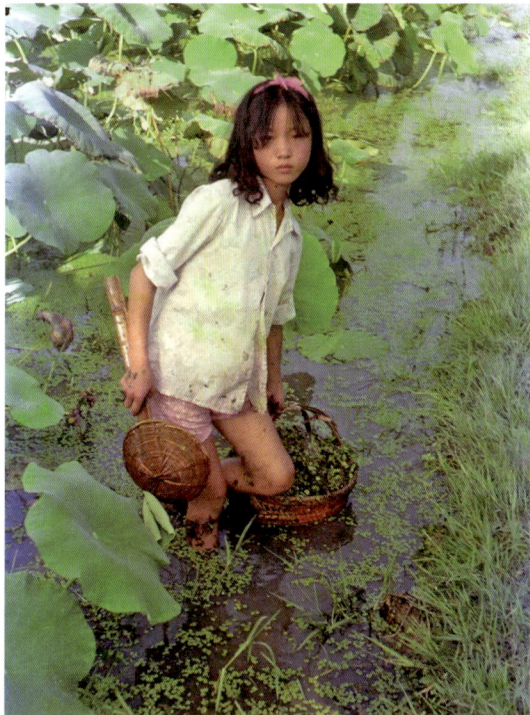

442 捞猪草　葑门外黄天荡湖滩捞猪
　　草。摄于 1980 年。

443 摘枇杷　东山是花果的主要产地，图
　　为采摘枇杷场景。图载《东山镇志》。

444 采橘　柑橘主要集中在东山、西山等沿太湖山区，每个乡镇的种植面积都超过万亩，
　　名列全国前茅。图为东山采橘场景。图载《吴县志》。

445 草席编织 编织业也是苏州的传统副业，主要有稻草编织、藤竹器编织、芦苇蒲草编织、杞柳条编织等。图载《望亭镇志》。

446 缂丝生产 江苏省丝绸进出口分公司吴县蠡口缂丝联营厂工人在生产缂丝产品。摄于1988年。

447 箍桶匠 专做桶形或圆形家具，如水桶、脚盆、马桶等，这是一个古老的行业，在农村不可缺少，但其从业人员却比木匠要少得多。图载《太仓》画册。

448 锁匠 望亭老街上的锁匠店铺。

449 刺绣 苏州刺绣主要分布在吴县西部地区，1985 年从事刺绣工艺的绣娘有 10 万之众，许多乡镇都是家家养蚕、户户刺绣。图载《浦庄镇志》。

450 佛雕 光福冲山村佛雕技艺是已传承近百年的技艺，全村近百户人家都以此为业，作品远销全国各地大小寺庙和东南亚地区。图载《光福镇志》。

451 缫丝厂　位于吴江铜罗，1967 年 12 月在缫制土丝的基础上兴办的公社缫丝厂，有立缫车 100 台，规模在全县名列前茅。

452 皮鞋厂　位于吴江北厍镇的达胜皮鞋厂，创始人肖水根，是著名的农民企业家，1989 年被授予全国劳动模范称号。

453 御窑金砖　陆慕濒临阳澄湖，因土质好，烧工精，工艺佳，其产品明清时期成为北京皇宫铺地的专用产品，被称作御窑金砖。图载《陆慕镇志》。

454 金山石作　以木渎金山及其附近出产的金山花岗石为材料，艺人以金山、藏书、枫桥金山石三大产区的细石匠为主，是有悠久历史的吴中地方特色的传统雕刻工艺。图为金山采石场。图载《枫桥镇志》。

民 间 文 化

　　本篇介绍了苏州农村的乡土文化，其中有送戏下乡、舞龙舞狮、乡村庙会、民间艺术节、田头说书、吴歌演唱、民乐演奏、民间曲艺、民间舞蹈、龙舟比赛、下乡巡回演出和体育运动等场景。

455 送戏下乡　苏州市文艺工作者到太湖西山，为当地群众演出革命现代京剧《龙江颂》。摄于 1975 年。

456 调龙灯　俗称串龙，盛行于苏州，体现了龙舞的发展与衍变。旧时每次庙会大多有调龙灯节目。图为昆山周庄老街上的龙灯队。摄于 1992 年。图载《周庄镇志》。

457 龙车　每逢各种庙会，出会队伍会有上千人之多，队伍之中就有形形色色的民间文艺活动。时至今日，这些庙会活动的功能逐渐从求吉祈祥向喜庆娱乐方向发展。图为沙洲县群众文艺集会上的龙车。图载《沙洲县志》。

458 舞龙灯 龙灯一般三五丈，用竹篾扎成骨架，外用红色或黄色棉布或绸缎包裹住骨架作龙衣，再在龙衣上彩绘龙鳞片。图为 1983 年春节吴江松陵镇文艺会演活动中的舞龙表演。图载《吴江县志》。

459 艺术节 北桥地区民间文艺活动很活跃，每逢立夏、中秋节和庙会，农民经常自发组成舞龙队、连厢队或进行台阁、高跷、拳船、桨船等演出。图为 2000 年 1 月 28 日北桥镇首届民间艺术节开幕现场。图载《北桥镇志》。

460 柳亚子纪念馆　位于吴江黎里镇，原为清直隶总督、工部尚书周元理私宅，1922年著名爱国诗人柳亚子典租了这座深宅大院。1987年5月柳亚子先生百年诞辰之际，依托柳亚子故居建立了柳亚子纪念馆。图为纪念馆开馆仪式现场。图载《吴江县志》。

461 田头说书　吴江评弹团成立于1965年，该团有个好传统：农闲时带着行李下农村演出，农忙时进市镇演出。图为中国曲艺家协会会员李天峰在田边为农民说书。

462 芦墟山歌 芦墟山歌是吴歌的一个支脉，清中后期已风行于民间。20 世纪 90 年代芦墟镇被江苏省文化部门命名为"山歌之乡"。荷兰学者施聂姐曾多次到芦墟采风。图为 1989 年 5 月 20 日在歌手赵永明家中合影。

463 吴歌演唱 吴歌是吴地汉族民歌民谣的总称，苏州是吴歌产生和发展的中心地区，其中知名者有芦墟山歌、白茆山歌、河阳山歌等。吴歌的曲调柔和流畅、委婉起伏、高亢舒缓，犹如行云流水，优美动听。图为吴县召开的吴歌演唱比赛活动现场。

464 同里宣卷　宣卷是"宣讲宝卷"的简称，始于宋元时期，主要在农村乡镇演出，人家盖新房、做寿、小孩满月等喜庆活动时会去唱堂会。图载《同里镇志》。

465 江南丝竹　太仓民间音乐主要为江南丝竹，业余爱好者遍布城乡各地，至1984年有浏河、双凤、直塘、沙溪、时思、茜泾6个江南丝竹民乐队。图为民间艺人演奏江南丝竹传统曲目场景。图载《太仓》画册。

466 长青民乐　　长青乡文化站建于 1963 年，其任务之一是组织各村宣传队开展音乐歌
舞创作活动。1999 年 1 月长青乡文化站与虎丘乡文化站合并为虎丘镇文化站。图为
长青乡宣传队的民族乐器表演场景。图载《苏州郊区志》。

467 农民乐队　　常熟董浜农民管弦乐队成立于 1985 年 3 月，队员都是土生土长的农民，
他们进厂不进城，离土不离乡，常年活跃在农村田头场地，为农民服务。图为 1986
年 9 月他们第一次走上北京的舞台，在中南海演出时的情景。图载《常熟市志》。

468 禹王庙会　每年正月初八太湖平台山禹王庙会期间，周边省市的渔民都会前来祭神、演戏、经商或探亲访友，持续半个多月。中华人民共和国成立后庙会逐渐演变为进行物资交流、文化娱乐的集市。图载《古镇光福》。

469 东山台阁 台阁，用铁杆做成一两丈的高杆，将它立于台桌上，或置于平车上，数名幼童装扮成戏曲故事中的人物，缚立在高杆上，演员随着鼓乐声轻轻舞动，造型生动精巧，表演惊险玄妙。图为台阁《吕布戏貂蝉》场景。图载《东山镇志》。

470 湘城庙戏 湘城东岳庙俗称圣堂庙，每年农历三月二十八日东岳大帝生日时都要举办庙会，邻近乡镇的民间文艺班子纷纷到此聚会表演。图载《湘城镇志》。

471 送戏下乡 1977年胜浦公社成立业余
文艺宣传队,亦工亦艺,平时在厂里
劳动,一旦有演出任务便集中活动,
报酬实行误工补贴。业余文艺宣传队
经常自编自导自演节目,然后下乡巡
回为农民演出。图载《胜浦镇志》。

472 连厢 连厢在苏州农村地区广泛流
传,其历史可上溯至宋代,后来成
为农村庙会中一个重要节目,其道
具为连厢棒。中华人民共和国成立
后连厢以其热烈欢快、整齐悦目的
舞蹈动作一直活跃在各种活动场所。
图载《北桥镇志》。

473 社戏演出 文艺
工作者深入基层,
在田头搭建戏台,
为当地农民演出。
摄于工业园区。

474 尚湖龙舟 吴地部落以龙为图腾，划龙舟纪念龙神成为苏州端午节的由来。图为常熟尚湖龙舟赛。图载《常熟市志》。

475 狮子舞 又称狮子灯，一般以一公一母两狮配为一组，演员一人将狮头套于头上，另一人钻进狮皮，后者配合前者动作，模仿狮子奔走、跳跃、翻滚、搔痒、抢球等各种形态，演技高超的还能表演滚火球、过跳板、上高台等动作。图载《吴江县志》。

476 挑花篮　是秧歌队的延伸，舞者穿着鲜艳漂亮的服装，用一条有弹性的小扁担挑着两个满装各色花朵的精致花篮，晃晃悠悠，边唱边行，载歌载舞。两配角对唱，有问有答，气氛活跃。1998 年摄于玄妙观三清殿。

477 高跷舞　旧时城乡每逢庙会大多有高跷表演，表演者要具有较高的平衡能力，他们穿着各色戏服，按照所装扮的角色或戏目进行表演。图为太仓沙溪镇利泰纱厂高跷队在表演。图载《苏州民间舞蹈志》。

478 荡湖船　划桨船的艺术表演，模仿摇船划桨姿势，有大橹、二橹、扭绷、跳绷，12~14 人组成，边唱歌边摇船划桨。图载《北桥镇志》。

479 常熟运动会　1950 年政府选定虞山下的北门公园附近原十梓庵地建常熟市人民体育场，场地总面积 55.2 亩，建有篮球场、排球场、足球场共 6 个。体育场几经整修扩建，建有标准田径场和半圆式跑道，并设有看台和司令台。图载《常熟市志》。

480 吴县运动会　1987 年 3 月 8 日，吴县妇女运动会在陆墓镇举行。图载《吴县志》。

481 吴江艺术节　吴江县第一届艺术节开幕式现场。摄于 1989 年。

乡 村 生 活

　　"百里不同风，十里不同俗"，苏州农村地区生活丰富多彩，各具特色。这里展现的是农村的婚庆、赶集、街市、交易、聚会、养老等生活场景。

482 盛妆出阁　结婚正日，新娘早起沐浴更衣后，喜娘为其梳妆打扮，以待男方花轿临门。图为喜娘搀扶新娘上花轿。

483 抱上花轿　在渭塘等地，新娘出嫁坐花轿，有娘舅抱之上轿的习俗。摄于1980年，图载《渭塘镇志》。

484 堂船娶亲 男方用堂船、花轿，由鼓乐队和迎亲伴郎陪同迎娶新娘，俗称迎亲。

485 娘舅备盘　农村有娘舅备盘的习俗，结婚前一日将放有衣帽和食品的礼盘送到新郎家。图载《湘城镇志》。

486 木园堂　又称木椽堂，是农村红白喜事临时租来举办各种宴会的移动木屋。图载《相城区志》。

487 闹新房　结婚当晚有闹新房的习俗，亲朋好友无论老幼都可以前来玩笑嬉闹，以增加新婚的欢乐气氛。

488 回娘家　结婚第三天，新婚夫妻带礼物回娘家，称为回门。图载《湘城镇志》。

489 三眼灶　农村三代同堂，灶间砌三眼灶，即安置三只镬子（锅）的灶头，两个镬子之间的灶山靠内安一只汤罐，利用烧煮饭菜的余火温热水，以备洗涤之用。图载《苏州郊区志》。

490 两眼灶　家庭人口少的一般是两眼灶，两眼灶也有一只汤罐。灶膛上面是灶山，灶山空心直通穿出屋面的烟囱。图载《通安镇志》。

491 农村家庭　农村家庭房间，雕花床、橱柜、镜台、收音机、电视机、录音机、电风扇等家具一应俱全。摄于 1988 年。图载《相城区志》。

492 送子参军　农村经济体制改革后，苏州许多乡镇政府提高了对现役军人的待遇水平：先安排企业单位，服役期间参照同等劳动力工资享受百分之七十的待遇，由镇村两级负担。图为光荣入伍的新兵。图载常熟市《梅李镇志》。

493 阿婆茶 昆山周庄习俗，上年纪的妇女聚在一起吃茶聊天，桌上放几碟腌菜、酱瓜、酥豆之类小吃，颇具"邻里一家亲"的氛围。图载《周庄镇志》。

494 敬老院 吴县社会福利院于1982年在光福镇建立，有卧室14间、活动室1间、餐厅1间，共有床位40张。图载《吴县志》。

495 供销社　计划经济时代农村商业的一种形式，承担国家计划产品的购销，并供应农村的生产和生活资料。图为吴江震泽供销社综合贸易货栈。

496 信用社　为农民提供金融服务的农村合作金融机构。图为工业园区建设之初农村信用社情景。

497 "四郎"赶集 望亭镇每逢农历初四、十四、廿四赶集,俗称四郎。百姓不约而同聚集到镇上买卖苗猪,其他小贩也纷纷前来赶集经商,此习俗一直延续至今。图载《望亭镇志》。

498 逢"五"赶集 每逢农历初五、十五、二十五为通安赶集之日。图载《通安镇志》。

499 古镇集市　吴江同里镇的家用竹器交易市场。图载《同里镇志》。

500 水产交易　水乡出行以船代步，船歇岸边，进行交易。图中为卖水产的小船。1986 年刘世昭摄于角直。

501 草席市场　草席编织属于苏州传统手工艺。图为浒墅关草席市场一角。刘世昭摄于
1986 年。

502 横街市场　葑门横街菜市场品种丰富，价格便宜。图为横街红板桥塃水产交易情景。
日本久保田博二摄于 1983 年。

503 小商品市场　1977 年以后，农村各地的蔬菜、水产品、肉类、水果、各种土特产、日用小商品市场与日俱增，至 1985 年沙洲县共有集市贸易市场 62 个，其中杨舍镇 6 个。图为杨舍镇小商品市场。图载《沙洲县志》。

504 招商城　1985 年 5 月，常熟琴南乡在沪宜公路与十苏王公路交叉口建设以服装、针织品为主的大型招商城，吸引全国各地的客商，成为闻名遐迩的大型工业品集贸市场。图为招商城初创时期情景。

505 丝绸市场　明清时期吴江盛泽与苏州、杭州、湖州并称我国四大绸都，并以丝绸庄面集市知名于世。位于吴江盛泽的东方丝绸市场创建于 1986 年 10 月。

506 珍珠市场　位于吴县渭塘镇西南的永沿村何家湾，建于 1984 年。兴旺时日均进场交易 8000 人次，并有 20 多家外国公司设点经营，年交易量 780 吨，占全国淡水珍珠交易量的 2/3。图载《渭塘镇志》。

水 乡 服 饰

　　苏州城东紧邻吴县唯亭、胜浦及斜塘一带，至今保留着农村传统服饰特色，特别是妇女装束。其中又以胜浦水乡服饰最为典型，特征是：头梳发髻，扎包头，其形状呈梯形，底角为30度；上身穿大襟衣、拼接衫，下身穿拼接裤。年轻妇女用两种不同花布拼接，较花哨。中年妇女用士林布和白布拼接，显得大方。老年妇女一般用上青色的全色布，较为庄重。秋冬季节，中老年男子也穿作裙。本篇章图片大都由马觐伯拍摄。

507 青年妇女服饰　大襟纽攀花衣衫，有布衫、加衫之分。布衫穿在贴肉，加衫穿在外面。有襦裙束在腰部，类似现代的短裙；另有襦腰束在襦裙外面，起到护腰、保洁和装饰的作用。图载《胜浦镇志》。

508 拼接衫裤　大襟衣衫和裤子都用花布拼接而成，另有襕裙束在腰部，裙长不及膝，用两幅布各一半重叠缝制而成，腰部打折裥，花纹精细耐看。图片来源于工业园区少华文化工作室。

509 中年妇女服饰　多用蓝士林布拼接衫裤，俗呼大襟衫、大裆裤，为乡间妇女常穿服装。大襟衫由大襟纽攀、肩筒、小袖三部分组成，身部、肩部、袖部由三种色布拼成。裤子多用蓝底白印花或白底蓝印花布。因裤子较短，裸露的小腿用花布或色布缝成的两块几乎是正方形的布片裹住、扎紧，俗称卷膀。图载《胜浦镇志》。

510 拼接衫　以蓝白士林布为主，拼接其他花色洋布。外套大襟纽襻上衣，以花布、深浅士林布制成，拼接衫破了可以局部更换，既实用又美观。

511 老年妇女服饰　衫裤都用上青色的全色布做成，黑色包头布，腰部襕裙，外扎襕腰，显得庄重朴素。

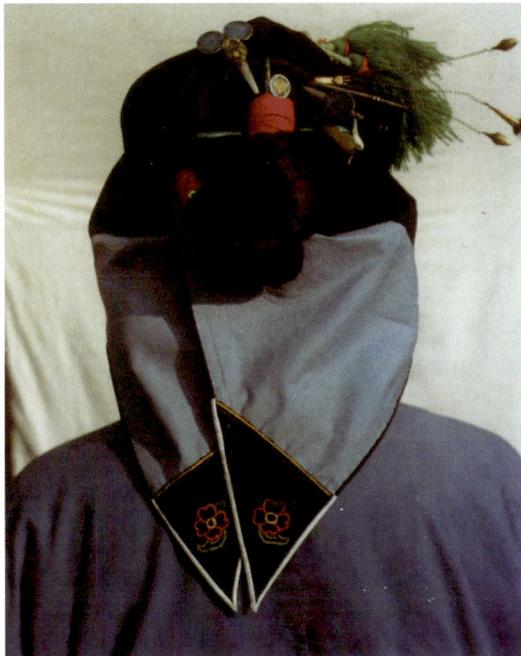

513 妇女包头　用头巾包扎住额头和头部，用来拢发、遮阳、避露、挡虫、御寒、保洁，外呈三角形，称三角包头。现多扎花色毛巾。图载《胜浦镇志》。

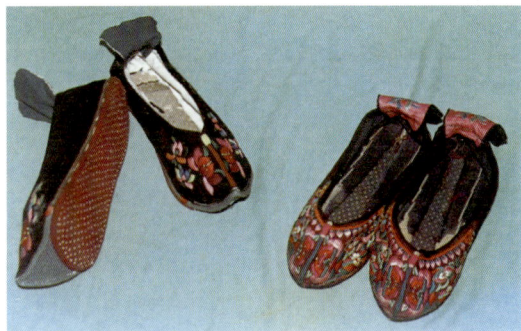

512 肚兜　用一尺见方的花布或色布制成，套在头颈上。中间两角再缝制两条带，向背腰部系住，使肚兜呈菱形状地紧贴在胸前，遮住双乳。夏天脱去布衫，仅穿一个肚兜，裸肩光背地劳动或乘凉，在农村习以为常。

514 绣花鞋　左为船形绣花鞋，鞋底尖头上翘，鞋帮由两爿合成，合缝处用花线锁结，锁梁、鞋跟缝有"拔襻"。右为猪拱头鞋，鞋尖不上翘，鞋帮前端较大，缝合处向前拱出。图载《胜浦镇志》。

641

516 男子褡裙 旧时秋冬季节水乡中老年男子也穿褡裙，又称作裙，束在套装外上下身都保暖。一般用两幅宽的蓝士林布或单色棉布前后折叠而成，上窄下宽，两侧多折裥。图片来源于工业园区少华文化工作室。

515 褡腰褡裙 除大襟衣服外，还有褡裙、褡腰，褡裙束在腰部，类似现代的短裙，起到增加腰部力度、御寒、遮盖等作用；褡腰则用于束在褡裙外面，褡腰仅一尺见方，两边用异色布拼接，另接两寸宽的腰，腰的两边接上六寸长、两寸宽并绣有精致、艳丽图案的宽带（俗称穿腰）。穿腰两边再缝制两条用绒线编织的彩带，下级流苏，煞是别致。

建 筑 掠 影

　　民国时期苏州农村普遍居住一门一闼或两厢一厅（客堂）的平房，条件好的砖木结构，条件差的冷摊瓦、泥地。中华人民共和国成立初农村建房不多，20世纪70年代起农村建房增多，以砖木结构的平房为主，后期翻造楼房。80年代农村普遍翻造砖木结构楼房，1984年后许多农户建造三楼三底或五楼五底楼房，平房作为烧饭、养猪、堆柴等用的辅助房屋，有的农户的房屋则向舒适、豪华型发展，建造别墅式小洋房。改革开放以后，由于集体经济和乡镇工业发展以及外向型经济的崛起，各地村镇面貌都在不断更新。

517 泥墙草房　民国时期渡村、浦庄一带客帮人以泥打墙，以稻草盖屋顶。图为昔日渡村三塘村草房，图载《渡村镇志》。

518 草房　民国时期苏州乡间草房。英国威廉·艾弗格雷夫摄于 1930 年。

519 临水人家 在东片水乡地区，居民住宅瓦房和草房兼有。金石声摄于 1957 年。

520 水乡民居 民国时期苏州城东农村所建的民居矮晒屋，冷摊瓦、泥地，屋檐很低。图载《斜塘镇志》。

521 闳门民居 民国时期建造的矮闳门两厢一厅的平房，图载《渭塘镇志》。

522 祠堂旧屋 中华人民共和国成立后，农村许多地方会将旧时的祠堂改建为学校。图为运河边一所小学门口，学生和老师正在欢迎远道而来的客人。法国保罗·科克摄于 1966 年。

523 524 集体用房　中华人民共和国成立后农村开展合作化和集体化运动，许多地方出现了由生产队集体拥有的建筑和设施。上、下图中分别为生产队的晒场和仓库，美国比尔·霍克摄于 1988 年。

525 20 世纪 70 年代住宅　20 世纪 70 年代起农村建房增多，多以砖木结构的平房为主。图为娄葑公社农民所居之屋，屋前河道即葑门塘，靠近金鸡湖。

526 20 世纪 80 年代住宅　1984 年后许多农户开始建造楼房。临河还有辅房，用以烧饭、堆柴等。图载《渭塘镇志》。

527 船棚　水乡农船停泊处，斜塘最后一座船棚。1998 年摄于龙北村。

528 新世纪住宅　进入 21 世纪，许多农户住宅向舒适、豪华型发展，建造别墅式小洋房，用马赛克贴面，以大理石或地砖铺客堂、卧室贴墙纸、装护墙板、铺楔口或拼木地板，挖土井，自备水塔以安装自来水和卫生设备。图为吴江同里北联村民住宅。

529 "碧溪之路"　20 世纪 80 年代，"离土不离乡，进厂不进城，亦工又亦农，集体同富裕"的"碧溪之路"享誉全国，实现了乡镇企业的繁荣发展和小城镇建设的协调推进。图为位于常熟的碧溪镇区情景。

530 望亭老街 东汉末年东吴孙坚于此地建亭，称御亭，唐贞观元年（627）改称望亭，北宋大中祥符年间建镇。望亭老街沿运河上下塘而建。图为望亭桥堍老街。

531 黄埭 位于漕湖南岸，战国时楚相春申君黄歇在此以土掩水，筑成堰埭，故称。明代为集市，清代后期升为镇。镇区主街道为一字长蛇街，全长 1250 米。

532 横塘古迹 横塘为古渡通衢，清代中期置横塘镇，镇内以江南水乡、田园风光、吴越遗址著称。图为横塘彩云桥和驿站，以及横塘粮库全景。图载《横塘镇志》。

533 斜塘沿河 斜塘位于吴县东部金鸡湖畔，斜塘河穿镇而过，镇因河名，清后叶建南斜塘镇，斜塘老街沿河而建。摄于 1993 年。

534 陆慕塘岸 唐宰相陆贽墓在此，故名陆墓。自唐代开凿元和塘，两岸民居增多，逐渐形成街市，老街沿河两岸分别称上塘、下塘。镇今已改名陆慕，远处建筑乃仿照伦敦塔桥而建。

535 木渎新街 位于灵岩山东麓，相传因吴王夫差建馆娃宫和姑苏台，数年间木塞于渎，故名木渎。北宋初设镇，被誉为吴中第一镇。图为木渎新街。图载《吴县志》。

536 千灯市河　旧称千墩，自宋室南渡之后人口日增，商贾云集，是昆山南部重镇，被誉为"金千灯"。图为千灯浦市河两岸和秦峰塔。图载《千灯镇志》。

537 震泽塔桥　位于吴江西南部，宋绍兴年间设镇，震泽是太湖的古称，因镇近太湖而名。镇区产业以丝业、米行为主。图为慈云寺塔与禹迹桥。图载《吴江县志》。

538 光福山居　光福相传为吴王养虎处，萧梁时建光福寺于龟峰，遂以寺名镇。塔山居于镇内，民居大都依山傍水而建，既有江南水乡小桥流水的特色，又有山区古镇苍幽恬静的美感。

水 乡 甪 直

甪直位于苏州城东部,毗邻昆山,因镇东有甪港,可通六处,故名六直,后由六直谐音作甪直。甪直民风淳朴,1984年人民画报社摄影记者茹遂初用相机记录了当时的民俗风情,为我们留下了那个时代人民生活的珍贵画面。由于地处鱼米之乡,加上小镇水路四通八达,自然而然形成了物资集散中心。顾客盈门,店门外街道两旁是四乡农民摆设的菜摊和货担,小河里则挤满了送货乘人的木船……茹遂初所摄的这些照片,载于1984年4月《人民画报》。

539 屋下人流 街头俯瞰,屋宇相连,买菜的人川流不息,街巷热闹非凡。

540 集市摊贩　老街两侧布满摊点，近处是几个豆制品摊位，品种丰富。

541 商店门面　烟酒糖果食品商店，门前坐了位卖草鞋的老妇。

542 街市熙攘　古镇早市，人潮拥挤，街上
最抢眼的是扎着包头布的妇女。

543 秧苗销售　临水廊下，市河岸边，是
各种豆、瓜秧苗的集中销售之地。

544 杂品买卖 头巾、鞋垫、肥皂、草纸、火柴等等，这个小摊上的日常生活用品十分丰富。

545 选购鸡苗 刚刚孵化出窝的小鸡，又称鸡苗、雏鸡，农妇们路过，挑选几只，带回家饲养。

546 运输草垫　古镇进利桥畔歇满了运送草垫的船只，人们在等候供销社开门收购。冬天到来时群众可采购草垫铺在床上保暖。

547 水巷船忙　公路还未开通之前，这里的货物进出和人员往来全都依靠船运，水巷里终日都很繁忙。

548 老街晨曦　早晨的阳光洒满老街，路上行人三两，街边是补鞋、修锁、磨刀的匠人。

549 早餐制作　饮食店正在制作大饼、油条、包子和煎饼等早餐点心。

550 吃茶聊天　农村许多老人喜欢一早起来去茶馆吃茶，这是他们一天生活的开始。

551 小学校园　　白墙红瓦的教室，古木参天的操场，课间休息同学们都在活动。

552 运送嫁妆　　镇上人家办喜事，正在用船装运嫁妆。

553 评弹书场 农村集镇书场里评弹听众济济一堂。

554 轮船码头 航船停靠在码头，旅客依次上下，远处还有一座货运码头。

向岁月致敬

因为这座城，因为这些人，我用三十年，去做了这样一件事。

1992年10月，随着干将路工程启动，历经千百年的古城，面貌将从此发生变化。于是我举起相机，满城遍走，去拍摄那些即将消失的景象！

1997年10月，我调到市地方志办公室，面对方志馆内那堆积如山的史志文献，一股崇高的使命感油然生出：岁月需要记载，否则再辉煌的历史，举首回望，也只能是一片空白。数千年的中华文明，不正是凭借着那些汗牛充栋、浩如烟海的文字典籍，才得以流传久远？我为能有机会来到这个部门工作而感到自豪！巧合的是当时正值世纪之交，各地纷纷涌现出的"老照片热"，让人格外兴奋。自古以来人们都只能利用文字记载历史，到了近现代，因为有了摄影技术，用图片记录历史才成为可能。于是，一个人生奋斗目标就这样出现了：用影像图录，书写新一代的苏州史志！然而真要用图片反映历史，又谈何容易？有关这座城市百多年来的历史事件、城乡风貌、社会活动、百姓生活等照片资料全是空白。于是上任之初，在地方志办公室全体同志的共同努力下，我们在全市范围内发起了一场规模颇大的老照片征集活动，那一幕幕让人难以忘怀的场景，由此不断涌现。

正是因为有了众多人士和相关部门的鼎力支持，1999年《老苏州·百年旧影》问世，2001年《老苏州·百年历程》出版，2005年《苏州旧街巷图录》出版，2008年《苏州往事图录》出版，2009年《苏州百姓图录》出版。这时各地出现的"老照片热"已经降温，而我也于2011年退休。

然而此时的我却意犹未尽，我的理想是再接再厉，编著一部涵盖苏州城乡近现代诸多方面的综合性图志，为此搜集整理资料的工作一直都在进行之中。多年来我浏览了苏州所属区、市、县和各乡镇的志书，查阅了政府部门编印的工作图集和纪念文选以及2008年纪念改革开放三十周年展览会上市委宣传部展出的图片。

除此之外，我还特别幸运地遇见了一个人，他就是市房管局（住建局）公房管理处处长俞国祥。十多年前他已经为"老苏州图志系列"提供了许多明信片和资料，相隔多年再次见面，他听说我还在编书，便将退休之后收集到的大量珍贵明信片和老照片毫无保留地提供给我使用。同时，信息化时代的到来，也让我的眼界扩大了，我有更多机会寻觅到许多国内外知名专家学者和摄影师在不同时期拍摄到的资料，弥补了苏州历史照片的许多空白。让人感激的是，这项工作始终得到了苏州市地方志办公室的关心支持。

《影像苏州》终于问世，我如释重负，不觉舒出了一口长气。感叹之余，蓦然回首，三十年间的点点滴滴，一一浮上心头。许多时候人们只看见我奔波忙碌的身影，殊不知在我的身后，还有这座文化深厚的城市，有无数热情的各界人士！

《影像苏州》全书共分十八个篇章，刊登历史照片千余张，分上下两册。上册为单色版，设有"城门城墙""人民路""马路街巷""子城风云""虎丘古迹""玄妙观""观前闹市""石路商圈""火车站""水城景色""运河风光""乡土风物""人物印象""古城俯瞰"十四个篇章，记录了它们在各个时期呈现出的不同场景和风貌；下册为彩色版，设有"五彩旧影""绘画苏州""城市记忆""乡村记忆"四个篇章，再现了那些已经消失的古城景观和风土人情，以及当代苏州城市和农村的发展变化。

江南原野秀丽宽广，吴地山脉碧水环流，数千年的古城饱经磨难，虽然百多年变迁，依旧气度不凡。时至今日，当呼啸奔腾的时光一去不复返，面对着蓝天白云，面对着沧海桑田，就让我们通过这部影像图志，共同向那段逐渐远去的难忘岁月挥手告别，并致以崇高的敬意！

徐刚毅

2023年10月1日

地方志书参考目录

《苏州市志》《吴县志》《常熟市志》《沙洲县志》《吴江县志》《昆山县志》《太仓县志》《沧浪区志》《平江区志》《金阊区志》《苏州工业园区志》《虎丘区志》《苏州郊区志》《相城区志》《娄葑镇志》《胜浦镇志》《唯亭镇志》《斜塘镇志》《跨塘镇志》《渭塘镇志》《横塘镇志》《光福镇志》《东山镇志》《虎丘镇志》《陆慕镇志》《湘城镇志》《望亭镇志》《通安镇志》《浦庄镇志》《渡村镇志》《北桥镇志》《同里镇志》《周庄镇志》《千灯镇志》《梅里镇志》等

照片参考资料

"苏州市纪念改革开放三十周年图片展览" 中共苏州市委宣传部2008年

中国历史文化名城丛书《苏州》 曹子芳、吴奈夫主编 中国建筑工业出版社1986年12月出版

《姑苏新貌迎朝晖》画册 苏州市建设委员会编

《天堂纪事——苏州城市建设四十年（1949—1989）》 苏州市建设委员会编

《古巷新韵——苏州市街巷整治图录》 苏州市城区街巷整治工作领导小组办公室2007年制

《苏州古城的保护与更新》 史建华等编著 东南大学出版社2003年5月出版

《苏州民间舞蹈志》 苏州市文化广播电视管理局编 上海文艺出版社2004年7月出版

《康乾盛世"苏州版"》 高福民著 上海锦绣文章出版社 2014年7月出版

《清代民国苏州明信片图鉴1898—1941》 陆树笙编著 苏州大学出版社2018年7月出版

《江南旧影》 黄笃初摄影 杭州出版社2009年4月出版

《苏州旧住宅》 陈从周编著 上海三联书店2003年5月出版

《光影苏州》 徐志强主编 古吴轩出版社2009年5月出版

《图像江南——百年老照片》 苏州美术馆编

《老照片·长江旧影（1920）》 〔日〕金丸健二摄影 南京出版社2014年5月出版

《西洋镜——一个英国艺术家的远东之旅》 〔英〕伊丽莎白·基思著 台海出版社2017年7月出版

《时光追忆——19世纪一个瑞士商人眼中的江南旧影》 〔瑞士〕阿道夫·克莱尔著 东方出版中心2005年7月出版

《中国记忆，1966》 〔法〕索朗日·布朗摄影 山西人民出版社2015年1月出版

《苏州园林名胜旧影录》 衣学领主编 上海三联书店2007年12月出版

《相城记忆》 苏州市相城区地方志编纂委员会编

本书涉及的中外知名摄影师

丹尼斯·路易·李阁郎（Dennus Louis Legrand）

法国摄影师，出生于清嘉庆二十五年（1820），咸丰六年（1856）到中国，他以上海为中心，拍摄了江南地区大量早期影像。他记录了苏州清咸丰年间战乱被毁之前，虎丘的宝塔、万岁楼、悟石轩以及白莲池畔的建筑群。

阿道夫·克莱尔（Adolf Krayer）

瑞士商人，清咸丰十年（1860）至同治七年（1868），作为一家英国公司的丝绸监察员和采购员在中国生活。他喜好摄影，并有记录日记的习惯，留下了大量有关晚清中国的影像与相关文字，从而为我们勾勒出了鸦片战争后的中国风貌。在苏州期间，他留下的是一幅水乡古镇小桥流水人家的经典镜头，以及清末被戈登率"常胜军"拆毁的宝带桥。

亨利·坎米奇（Henry Cammidge）

英国摄影师，曾任大清上海海关稽查员，他曾到过江苏的苏州城区、昆山、嘉定和浙江的宁波等地。太平天国战争刚刚结束，他在苏州盘门城下留下了那张吴门桥头景象荒凉的照片。不久之后他即去世，年仅35岁。

卡尔·博克（Carl Bock）

挪威探险家，担任过瑞典和挪威驻上海总领事。清光绪十五年（1889）在担任上海总领事期间到苏州及周边地区拍摄过照片。其中在苏州拍摄的照片有山塘斟酌桥，以及虎丘、文庙、开元寺无梁殿、瑞光塔、报恩寺塔、双塔等。

杜德威·皮特

法国传教士，同时还是一名科学家和地质学家，他在清光绪二十七年（1901）到中国华东地区，并用镜头记录了苏州盘门码头、北马路桥、折角城墙，以及荒凉虎丘等景物。

詹姆斯·利卡尔顿（James Ricalton）

美国摄影师，于清光绪二十六年（1900）初到中国，当时中国正遭遇"庚子国变"，他成为记录这一历史事件较重要的摄影师之一。他从香港经广州、上海、苏州等地到达北京，在苏州期间他留下了吴门桥下洗衣妇女、宝带桥、兴龙桥、觅渡桥以及瑞光塔下有人站立在残存石牌坊上等一些让人难忘的影像。

恩斯特·柏石曼（Ernst Boerschmann）

第一位全面考察中国古建筑的德国建筑师。清光绪二十八年（1902）第一次到中国时，中国建筑的宏伟外观，精巧的布局，高超的工艺水准使他产生了考察中国建筑的想法。四年以后他重返中国，从光绪三十二年（1906）至宣统元年（1909），穿越12个省，行程数万里，找寻中国古代建筑，拍摄了数千张照片。他在苏州期间拍摄了玄妙观、弥罗宝阁、虎丘、文庙大成殿、光福寺、瑞光塔和马鞍山等照片。回国后他连续出版了六部论述中国建筑的专著。

汉克斯·西尼斯

外国传教士，他曾在20世纪初游历了我国江南多座城市，并拍摄了一些珍贵的照片。清光绪三十年（1904）他在苏州留下了那张十分罕见的蛇门船闸式水门的图景，另有玄妙观等照片，让人们看到了百多年前苏州的一些历史印迹。

安特生（Johan Gunnar Andersson）

瑞典地质学家、考古学家，拉开了周口店北京人遗址发掘的大幕，直接主导了仰韶遗址的发掘，因此被称为"仰韶文化之父"，改变了中国近代考古的面貌。安特生自1914年后曾先后三次到中国，时间最长的一次在中国生活了11年，他将中国称为第二祖国。在华期间他到过苏州，并拍摄了骑驴游虎丘、正山门、北寺前双井、护龙街、瑞光塔、苏州贡院、钟楼、孵茶馆等照片。

唐纳德·曼尼（Donald Mennie）

英国摄影师，清光绪二十五年（1899）之前到上海，担任屈臣氏公司经理，曾经到过北京和杭州、上海、苏州等地，创作了大量画意派风光的艺术照片，被誉为民国风光摄影大师。1941年12月太平洋战争爆发后，日本占领上海租界，加大对英美等国侨民的管理，1943年3月他进入龙华集中营，恶劣的条件使已年近70的他健康情况恶化，随后他被转移到医院治疗，不幸于1944年1月在上海去世。在苏州期间他拍摄了许多城乡人物照片，如乡村一角、孩儿群聚、村妇赶集、朝山进香、轿夫赶路等，以及吴地农舍、茅草房屋等百姓生活的场景，都令人难以忘怀。

奥利弗·海伍德·休姆（Oliver Heywood Hulme）

清光绪八年（1882）出生于英国曼彻斯特，曾于光绪三十一年（1905）至宣统三年（1911）受聘于中国清朝海关工作。他留下的有关中国的相册中，保存了一批清末苏州的影像。这些老照片记录的苏州城及城郊的一些景象，能让我们感受到彼时江南古老的风韵，其中就有齐门水城门和水乡集镇等。

史丹利·奥斯瓦尔德·格雷戈里（Stanley Oswald Gregory）

英国摄影师，出生于英格兰，曾在著名的凯利出版社任职，1924年到达香港，然后被派往上海工作。他对中国人充满了好奇和同情，将在中国期间所拍摄的照片编成《格雷戈里的中国摄影集》，内含照片361幅（澳大利亚国家图书馆藏），拍摄于20世纪二三十年代，拍摄地有北京、上海、杭州、苏州、宁波等地。他为苏州城乡留下了大量影像，其中最为知名的是拓宽前的观前街照片，其他还有阊门中市河、姑苏水巷集锦、钟楼田野、蛇门内景、骆驼担、女鞋匠、算命先生、看西洋镜、香烛摊，以及马鞍山下插秧、渔家女等，都让人印象深刻。

珍妮·洛根夫人

珍妮·洛根夫人是常住湖南常德的美国长老会传教士和外科医生，她曾经和女儿艾尔莎·洛根寻找在苏州、湖州等地生活过且同是传教士的弟弟弗雷德。也就是在来往途中，她在运河边拍摄了竹筏运输和两岸农村水田劳动的景象，时间为1930年至1950年，地点是江苏的頔塘和平望至苏州段运河中的某个市镇，其中吴江的震泽镇，双阳镇，梅堰镇和平望镇之一的可能性很大。这些影像后来被制作成彩色幻灯片，收藏在美国南加州大学图书馆。

伊芙·阿诺德（Eve Arnold）

1913年生于美国费城，1961年移居伦敦，以摄影记者的身份游历了苏联、阿富汗、埃及等国家。她说自成为摄影师起，"到中国去"就在日程表上占据前列位置。从1969年开始，她每年都向中国使馆递交签证申请。1979年初，她又一次递交了签证申请，很快就接到使馆电话：签证申请通过，她可以游客身份，经国家旅游局安排，去中国境内她想去的任何地方。这一年，她67岁。玛格南图片社的美国籍摄影师伊芙·阿诺德，在中国迈出改革开放第一步的时候到北京，为这一天，她等了10年。1979年，她在中国旅行拍摄长达半年之久，是最早以人文主义眼光报道中国改革开放情况的西方摄影家。她在苏州期间拍摄了山塘河里游泳的小青年和虎丘粮管所交公粮的场景以及寒山寺僧人、刺绣女工等人物。

约翰·威廉·埃夫格雷夫（John William Ephgrave）

英国人，1914年出生于上海，15岁进入英美烟草中国公司的印刷部当学徒，也就是从这一年开始，他在工作之余手持相机游走在上海、苏州和无锡，生动再现了民国时期这些地区的人文风景、历史事件以及普通百姓的生活。1934年，他将所拍摄的照片编辑成了两本影集。他在苏州留下的照片是1930年的农村草房、街头小吃、剃头铺，以及内城河边建筑等。

斋藤康一

1935年出生于日本东京，1960年毕业于日本大学艺术学部摄影学科，他是当代日本摄影界重要的专业摄影师，作为中日友好的见证人，也一直关注着中国的发展。1965年，斋藤首次访问中国，对这个充满希望的国度产生了浓厚兴趣。此后50多年间，他70余次前往中国，用相机真实记录了中国社会和民众生活的变化，不知不觉间将中国改革开放的历程定格在一张张照片之中。在斋藤眼里，中国的变化"超乎想象"。"中国对我来说，已然成为生活的一部分。"斋藤如此诠释自己的中国情结。他在苏州留下的是1985年市民日常生活的场景，其中有运河人家、横街茶馆、小学生上学、乔迁新居、新婚夫妇、上班高峰时的自行车流等。

久保田博二

1939年出生于日本东京，24岁大学毕业后移居美国，立志成为摄影家。1978年之后的20多年中，他先后50多次访问中国，并先后出版了《桂林梦幻》和《黄山仙境》等中国摄影专集。他于1983年到苏州，拍下了葑门横街红板桥堍农妇卖水产的景象。

史蒂文·维克

外国摄影师，有关他的个人资料虽然缺少，但却保留了一些他于1983年的苏州留下的影像，其中有吴门桥下航运船队、人民路交通隔离墩、瑞光塔畔的吊装工程队、太监弄得月楼前游人、玄妙观土特产商店边的市民、被大水淹没的沧浪亭街、穿过虎丘巷门的山塘居民等，钩起了人们对那个年代的回忆。

古·勒·盖莱克（Guy Le Querrec）

1941年出生于法国布列塔尼。1976年进入马格南图片社，曾任巴黎分社社长，他的摄影报道内容丰富，涉及中国、非洲、北美等。古·勒·盖莱克于20世纪80年代多次到中国，拍摄了北京、上海、苏州、成都、广州、武汉、福建等地人们的日常生活。他善于和被拍摄者沟通，另外对摄影瞬间和构图的把握也被人称道。1986年他到苏州，拍摄菜市场里的各种场景，其中有街角卖鸡、静等客来、核对分量、蹲地挑货等。

布鲁诺·巴贝（Bruno Barbey）

摄影师，1941年出生于摩洛哥，拥有法国和瑞士双国籍。1973年法国总统乔治·让·蓬皮杜访华，他作为随行记者为中国拍摄了一系列照片。访问结束后，他延长了签证的停留期限，40多年间几十次往返中国，用相机定格每个时期中国的发展变化，2019年出版《中国的颜色》，记录自1973年至2018年他镜头下的中国社会变迁。2020年他因心脏病意外去世，享年79岁。1973年他在苏州火车站拍了一幅著名的照片：当地驻军战士正驱赶马车经过毛主席画像前。当时，这幅毛主席画像风靡大江南北。除此之外他还拍摄有船过山塘通贵桥的情景。

保罗·科克（Paolo Koch）

法国摄影师，曾在1966年至1970年、1978年至1980年两度游历中国，到访过许多城市，留下了大量令人难忘的照片，并于1981年出版了摄影作品集《中国》。保罗·科克2000年去世，他的作品留传后世，对每一位有幸观看的人都是一种馈赠。那张1966年利用祠堂旧屋办学的苏州农村小学生河边迎客，以及1970年在十全街星造桥上拍摄带城桥下塘河段清淤的难忘场景，就是他的作品。

索朗日·布朗（Solange Brand）

1965年至1968年期间，法国姑娘索朗日·布朗到法国驻中国大使馆工作，她穿行于北京、大同、南京、苏州等地，抓拍了许多瞬间。她拍摄了许多民间景象，那些动作、表情、服装、房屋、道路，极富时代特征。这些图片最后结集成《中国记忆，1966》，反响巨大，其中就有她在苏州拍摄的北寺塔前宣传舞台、虎丘山门街景、繁忙的阊门运河、崇真宫桥堍的小摊、杂货商店和街头市民等照片。

出目里利吕井（Leroy W. Demery, Jr）

美籍日本人，出生于1954年，城市公共交通规划专家学者。他在改革开放初期的1980年至1984年间，三次到中国旅游，拍摄了大量照片，其中为苏州留下了许多镜头。这些照片大都缺乏专业技巧，甚至构图也毫不讲究章法，只是简单地"照相"，但却真实地记录下了那个一去不复返的时代，这些对市井民生、时代面貌的记录，引起我们对那一段并不十分遥远的岁月的回味，今昔对比，更能够强烈感受到时代的沧桑巨变。他在苏州留下了定慧寺旧址、南园田地、盘门窥塔桥畔、十全街河、南门码头等照片，而拍摄最多的则是护城河里运输繁忙的船只，这在过去十分寻常，而今人们只能通过这些照片，来回望当年运输船队日夜穿梭水城的壮观景象。

比尔·霍克（Bill Hocker）

美国摄影家，20世纪80年代协助其在加州大学伯克利分校建筑学系任教的华裔妻子何妙儿（Mui Ho），在中国考察乡村建筑，前往广东、北京、陕西、四川、浙江、安徽、湖北、上海、江苏等地，以独特的视角，高超的摄影技术，记录了改革开放初期大量珍贵的瞬间。1988年他到苏州，拍摄了火车站台、观前街、盘门横街、河街相邻、公交站台、沿街店铺、街头菜贩、雨中骑车等许多市井风情照片。

郎静山（1892－1995）

浙江兰溪人，1892年生于江苏淮阴。14岁开始喜爱摄影，此后便相机不离手。1930年在上海松江女子中学开设摄影课，开创了我国摄影教育之先河。1921年起参加国际沙龙活动，作品入选千余次，获奖数百次，被称为"无可争议的中国艺术摄影史上最杰出的人物"和"亚洲摄影之父"。1933年郎静山在苏州虎丘望山桥拍摄了吴门归棹。

金石声（1910—2000）

原名金经昌，原籍江西婺源，少时随父亲旅居苏州和扬州，1923年在苏州上教会中学时开始接触摄影。1931年考入同济大学土木系，1932年加入以郎静山、黄仲长、徐祖荫为首的三友影会，1936年创办《飞鹰》杂志并任主编。1938年秋天，金石声获得德国洪堡奖学金的资助赴德国攻读道路及城市工程学与城市规划学专业。1946年底，金石声回国在上海市工务局工作，一年后担任同济大学教授，在国内首开"都市规划"课程，成为中国城市规划学的奠基人。同时他还是中国资深摄影家之一，于是他同时有了两个名字，城市规划专家金经昌和摄影家金石声。他拍摄的照片年代跨度从20世纪40年代直到80年代。他为苏州留下了中华人民共和国成立初期的玄妙观、虎丘山门甬道、虎丘老街和老街临河、虎丘路、牌坊与桥、太湖渔帆船、河边洗衣妇女、流动摊贩等许多镜头；难能可贵的是他早在50年代初就用彩色胶卷拍摄了苏联和东欧城市规划专家考察苏州城乡的场景，并留下了枫桥铁铃关、新建的瑞光新村和水乡村落等许多精彩画面。

茹遂初

当代著名摄影师，陕西三原人，1932年生于南京。17岁时开始从事摄影工作，先后在新华社西北总分社、西北新闻局任摄影记者，并于1954年任《人民画报》摄影记者，直至1993年离休，于2014年获第十届摄影金像奖终身成就奖，2019年获中国外文局建局70周年终身成就奖。《人民画报》于1984年5月推出了由茹遂初拍摄的"水乡小镇江苏甪直"的专题照片，当年他用相机记录的水乡甪直市井生活和民俗风情，如今已成为锦绣江南的诗意再现。

刘世昭

1948年出生于四川成都，1968年高中毕业于北京市第一中学。1973年开始学习摄影，1979年9月就职于《人民中国》杂志社，曾任美术摄影部副主任和采编部副主任。1981年他从北京出发，骑自行车一万余里，沿京杭大运河一路南行采访。时隔35年，他于2016年2月28日再次出发，单骑拍摄京杭大运河，旨在重塑运河影像史。当年他在苏州拍摄了评弹书场、运河船只繁忙、甪直水上卖水产和浒墅关草席市场等图片。

顾公硕（1904—1966）

收藏家，过云楼第四代主人。能书善画，尤擅鉴赏古字画，也钟情于戏剧、金石、摄影等领域。中华人民共和国成立后曾任苏州市工艺美术研究所所长、苏州市博物馆副馆长，为刺绣、桃花坞木刻年画等苏州工艺美术的重振做出了很大贡献。他曾将祖上视为生命的书画、典籍和私家园林怡园无偿捐献给国家。20世纪五六十年代，他拍摄过许多吴地山水、文物古迹以及社会活动等方面的照片，为苏州留下了许多珍贵的历史影像资料。本书收录了他拍摄的玄妙观正山门、正山门神像、三清殿露台、三清殿年画市场、玄妙观内诸多配殿、南园南禅寺、虎丘后山营垒遗址、小渔船和阳山运河等照片。

张寰和（1919—2014）

苏州九如巷张家第五子，父亲张冀牖为开明教育家，他的四个姐姐元和、允和、兆和、充和各有才名，并称"合肥四姐妹"。张寰和抗日战争时期毕业于西南联大，因为兄弟姐妹各怀才情，分散各地发展，他毅然回到苏州，继承父亲的事业，担任乐益女中校长，成为张家唯一留在九如巷的孩子，被称为"最后的守井人"。张寰和喜欢摄影，他不仅为家庭成员以及乐益女中拍摄了很多照片，也为20世纪五六十年代的苏州留下了不少珍贵的记录，到了晚年他还注重收集文史资料，提供给档案和地方志部门。本书中他提供了庆祝中华人民共和国成立、1949年体育运动大会、接受检阅、乐益女中诸多校舍和学生活动、广播体操、少先队入队、烈士陵园、大公园门前、公园游人等诸多照片。

顾东升

摄影家，1932年出生于江苏南汇（今属上海市）。1950年入学苏州美术专科学校。参加工作后历任《新苏州报》美术编辑、摄影组组长，苏州市文联摄影组组长等职。1961年2月19日《新苏州报》更名为《苏州工农报》，报头即由顾东升题写。20世纪五六十年代他在苏州工作期间拍摄的许多社会新闻，都已成为那个年代难忘的记忆。本书收录了他在苏州期间拍摄的1954年庆祝社会主义改造取得胜利、人民路新聚丰菜馆、体育场游行、火车站儿童列车、儿童体育场、1959年国庆游行、观前街、景德路、1964年文艺工作队下乡演出等作品。

本书"绘画苏州"篇中涉及的中外知名画家

宋骏业（？—1713）

江苏常熟人，一作长洲（今江苏苏州）人，官兵部左侍郎，善书画。清康熙帝先后六次南巡，在第二次南巡回来后，下诏画《康熙南巡图》，并将此事交由宋骏业负责。宋即邀请其老师王翚主持其事。他因绘《康熙南巡图》聘王翚于家而画学大进，其所绘《康熙南巡图》之《苏州篇》现藏故宫博物院。

王翚（1632—1717）

字石谷，江苏常熟人。出身绘画世家，得王鉴、王时敏指点，为清初"四王"之一。于清康熙三十年（1691）花甲之年奉诏携弟子杨晋到北京担任待诏，主持《康熙南巡图》绘制工作。王翚先画草图，经康熙帝审看后才正式绘制，于是产生了这幅堪称当时最长的宫廷画卷珍品。康熙帝曾有御笔"山水清晖"赐赠王翚，并欲授官职。不谙官场的王翚推辞不就，于康熙三十七年（1698）南归故里。

徐扬（生卒年不详）

清代画家，江苏苏州人。家住阊门内专诸巷，工绘画，擅长人物、界画、花鸟草虫。清乾隆十六年（1751）乾隆帝南巡至苏州，进画，得以供奉内廷。受艾启蒙、贺清泰影响，写实功力益深，于乾隆二十四年（1759）画出了《盛世滋生图》，而后又画出了巨作《乾隆南巡图》等。他的绘画继承了《清明上河图》等的艺术形式，以散点透视法来描绘山水城池，把现实主义手法运用于绘画之中，其意义更大。

伊丽莎白·基思（Elizabeth Keith，1887—1956）

英国女画家，出生于苏格兰，在伦敦长大，自幼学水彩画。

因妹妹嫁与日本出版商，她在1915年前往日本探亲，并在日本侨居九年。其间，曾去朝鲜半岛与中国旅行。她以版画的形式记录了旅行见闻，其中很多幅画都创作于苏州，有阊门城门口、月色下的阊门吊桥民居、桥头店铺、石桥流水、祖孙刺绣、虎丘山前、横塘古镇、双塔田野、钟楼田野、太湖光福、木渎运河、水牛耕田等等，这些作品展现了20世纪20年代苏州独特的风土人情，对我们了解当时的城市和社会风貌很有参考价值。

颜文樑（1893—1988）

苏州人，著名油画家、美术教育家。1922年与胡粹中、朱士杰创办苏州美术专科学校，任校长。1928年在徐悲鸿的鼓励下赴法国留学，进国立巴黎美术专门学校。1932年回国后主持苏州美术专科学校的教学工作。颜文樑是20世纪中国美术家的重要代表，他的艺术创作和他所推行的美术教育思想都成为中国现代美术史上的典范。在本书《绘画苏州》篇中，他的虎阜晚钟、月夜枫桥、厨房、肉店、道山亭、平门路、深夜之市郊等画作让人印象深刻。

胡粹中（1900—1975）

苏州人，擅长水彩画和美术教育。1922年与颜文樑、朱士杰一同创建苏州美术专科学校。1924年毕业于苏州美专，后留学日本，在日本大学艺术院从事研究。中华人民共和国成立后历任苏州美专、华东艺术专科学校、南京艺术学院教授，为中国美协会员。他的作品笔调细致工整，色彩清雅晶莹，画风质朴严谨，独具一格。在本书《绘画苏州》篇中，他的作品有南禅古刹、善庆庵、长洲县学、葑门地货行、万年桥、东山村落等。

本书相关历史图片的研究者和收藏家

费正清（1907—1991）

美国历史学家，哈佛大学教授。1932年到华研究中国近代史并在清华大学、燕京大学兼课，在北京认识了梁思成、林徽因夫妇，并与他们成为最亲密的朋友，"费正清"这个中国名字就是梁思成替他取的。其成名代表作《美国与中国》和集大成之作《剑桥中国史》，奠定了他在美国现代中国学研究上的鳌头地位。本书所刊江南水乡古镇的一些画面，正是费正清当年在哈佛大学教学所用的幻灯片内容，现藏美国哈佛大学燕京图书馆。

史影

德国海德堡大学东亚艺术史系博士，清华大学硕士，传统建筑景观晚清民国旧影爱好者。热衷于从书籍、数据库、原始档案中挖掘、整合传统建筑景观影像材料，按照拍摄地点、拍摄内容进行分类整理，从而在艺术史、地方史、建筑史等方面进一步深度探究。本书"城门城墙"篇中盘门、盘门市井、葑门、葑门远望、娄门、娄门外废墟、齐门城门、齐门远望、齐门码头、阊门、新阊门等照片，即由史影提供。

谭金土（1947—2023）

收藏家，江苏丹阳人，1976年毕业于江苏师范学院（今苏州大学）中文系，毕业后留校任教。1979年调入苏州市检察院，与法律系统结缘。1998年开始收藏老照片，苏州各古玩市场、古旧书店等是他常去的地方。出差外地也总是抽时间去寻觅，南京朝天宫、上海城隍庙、丽江古玩店，这让他觅得了上乘的资料。2007年在山塘街建立老照片收藏馆，他在不断接待各地游客的同时，也倾听着来自五湖四海的故事。在解读老照片的过程中他还写作了大量文章发表在各类书刊上。多年间他为"老苏州图志系列"提供了不少照片，本书中则有大公园初建、虎丘山前马车、娄门城楼、洋关运河、护龙街雪景俯瞰等照片，以及1953年爱国卫生运动期间居民打扫卫生的诸多场景。

姜晋

苏州人，出生于1953年。其人生经历堪称奇特，学校毕业后下过乡，回城后进工厂，还当过报社记者。他爱好众多，通音律，会小提琴和笛子；擅长书法，真草、隶、篆诸体皆备；喜欢写作，成为作家，出版过十几本书。他的写作先为诗歌，后渐至散文，再后来又涉及大文化类的随笔，每次都能成功转型，收获颇丰。姜晋自幼喜爱集邮，30多岁后转向收藏明信片，寻宝足迹遍及全国诸多城市。苏州市地方志办公室编纂出版"老苏州图志系列"时他就提供了不少历史明信片，本书"五彩旧影"篇中部分资料即由他提供。

俞国祥

1950年出生，曾任苏州市房管局（住建局）公房管理处处长。1984年以后，他参与了苏州有关房地产行业的一系列改革实践，其中有全市的房屋普查、房屋产权登记、资产整合、老新村改造、公房维修、古建筑维修等工作。受此影响，他熟悉苏州的大街小巷和民居院落，自1992年起养成了收藏的习惯，包括老明信片、老照片、地图、营业执照、各种证件、报刊等等，凡是与百姓生活和地方文化相关的物品，他都感兴趣。十多年前市地方志办公室编著"老苏州图志系列"时，他就提供了不少照片，后来当他知道《影像苏州》正在编著，还需大量历史照片时，便将退休之后收集到的数百张老明信片和历史照片统统都提供出来，本书就采用了其中的一百多张图片，分布在"五彩旧影""观前闹市""马路街巷""玄妙观""虎丘名胜""环古城河""运河风光""乡土风物""人物印象"等诸多篇章中。